中国有色金属工业协会专家委员会组织编写

有色金属系列丛书

中 国 镍 业

北 京
冶 金 工 业 出 版 社
2013

内容简介

本书共分十二篇，简要介绍了镍的发现和镍业发展史，镍的性质与用途，镍资源及其分布，采选技术与装备，冶炼技术与装备，技术进步与创新，中国镍产品生产、消费及进出口贸易，资本运营与产业发展，安全生产与环境保护，镍工业的循环经济与资源综合利用，行业管理与制度标准，统计信息等内容。

本书适合于从事镍冶金及相关专业的人员阅读，也可供关注和准备从事镍行业的社会各界人士参考。

图书在版编目(CIP)数据

中国镍业/中国有色金属工业协会主编. —北京：冶金工业出版社，2013.6

(有色金属系列丛书)

ISBN 978-7-5024-6264-2

Ⅰ.①中… Ⅱ.①中… Ⅲ.①镍—有色金属冶金—冶金工业—中国 Ⅳ.①F426.32

中国版本图书馆 CIP 数据核字(2013)第 132093 号

出 版 人 谭学余
地　　址 北京北河沿大街嵩祝院北巷 39 号，邮编 100009
电　　话 (010)64027926 电子信箱 yjcbs@cnmip.com.cn
责任编辑 张熙莹 美术编辑 李 新 版式设计 孙跃红
责任校对 李 娜 责任印制 李玉山
ISBN 978-7-5024-6264-2
冶金工业出版社出版发行；各地新华书店经销；三河市双峰印刷装订有限公司印刷
2013 年 6 月第 1 版，2013 年 6 月第 1 次印刷
148mm × 210mm；5.25 印张；100 千字；147 页
21.00 元

冶金工业出版社投稿电话：(010)64027932 投稿信箱：tougao@cnmip.com.cn
冶金工业出版社发行部 电话：(010)64044283 传真：(010)64027893
冶金书店 地址：北京东四西大街 46 号(100010) 电话：(010)65289081(兼传真)
(本书如有印装质量问题，本社发行部负责退换)

《有色金属系列丛书》编辑委员会

序

为适应有色金属工业发展的需要，普及和提高有色金属知识，提升全国有色金属战线广大干部职工的思想业务素质，促进我国从有色金属生产大国向有色金属二业强国的转变，中国有色金属工业协会组织编写了《中国铜业》等《有色金属系列丛书》（共 21 本）。《丛书》集中了全行业的智慧和力量，汇集了当今中国乃至世界有色金属领域的最新知识和信息，深入浅出，通俗易懂，融知识性、实用性为一体，是社会各界学习和提高有色金属知识的好教材和实用工具书。

有色金属是经济社会发展必不可少的基础材料和重要战略物资。有色金属作为功能材料和结构材料而广泛应用于人类生活的各个领域，成为当今高新技术发展和国防军工的重要支撑。有色金属的生产和消费水平已经成为衡量一个国家社会进步的重要标志。

中国是生产有色金属品种最全的国家，门捷列夫化学元素周期表中的64种元素的有色金属都能生产。中国是世界生产和消费有色金属最多的国家，到2011年十种有色金属产量已达3438万吨(快报数)，连续10年位居世界第一，年消费有色金属已达3580万吨以上，连续9年位居世界第一。目前全国已有有色金属企业、事业单位3万多家，就业人员360多万。

有色金属涵盖的金属品种多。在元素周期表中，除了黑色金属铁、锰、铬，锕系和超锕系放射性金属元素外，余下64种都为有色金属元素。有色金属成矿条件复杂，矿床类型多样，矿体形态变化大，元素组合多样，勘探难度大，而且需要综合勘探、综合评价。有色金属结构复杂，多种矿物相嵌共伴生关系密切，选矿和冶炼的技术、装备复杂，工艺流程长。有色金属应用领域广，用途千差万别，材料的研制和加工复杂。有色金属元素在原矿中含量低，富集比都在几十、几百、几千甚至几万以上，导致在采矿、选矿和冶炼过程中固体废物多，节能环保压力大，工艺技术复杂。综合上述不难看出，有色金属产业是固体矿产资源开发利用领域最复杂的产业，有色金属知识领域宽广、博大精深。

建设现代化的有色金属工业强国是全行业360多万职工为之奋斗的目标。我相信，《丛书》的出版发行，对增进全社会对有色金属工业的了解，推动全行业广大干部职工学习和掌握有色金属知识必将发挥积极重要的作用。让我们行动起来，为促进我国有色金属工业的持续、稳定发展，为实现有色金属工业发展的既定目标而奋勇前进。

中国有色金属工业协会会长

2012年8月于北京

前　言

“十一五”以来，中国经济快速发展，极大地促进了镍工业的发展。为了满足关注镍行业人员的学习需要，快速了解和掌握镍工业的发展及相关知识，我们编写了这一相对专业的科普读物。

本书分十二篇，简要介绍了镍的发现和镍业发展史，镍的性质与用途，镍资源及其分布，采选技术与装备，冶炼技术与装备，技术进步与创新，中国镍产品生产、消费及进出口贸易，资本运营与产业发展，安全生产与环境保护，镍工业的循环经济与资源综合利用，行业管理与制度标准，统计信息等内容。本书内容浅显易懂，适合于关注和准备从事镍行业的社会各界人士。

本书是一部集体创作，在编写过程中得到了金川集团股份有限公司和中国有色金属工业协会钴业分会的大力支持，在此深表感谢。

由于编写人员水平所限，书中不足之处，敬请读者批评指正，竭诚感谢。

编　者

2013年3月

目　录

第一篇

镍的发现和镍业发展史

第一章　世界镍业发展史

镍在世界物质文明发展中具有十分重要的作用。人类发现镍的时间不长，但使用镍的时间可追溯到公元前300年左右。镍在地壳中含量不少，多于常见金属铅、锡等，但比铁少得多，也比铁发现得晚。17世纪末，欧洲人开始注意镍砒（砷）矿。当时德国用它来制造青色玻璃，人们称它为kupfernickel。“kupfer”在德文中是“铜”，“nickel”大意是“骗人的小鬼”，因此这一词可以译为“假铜”。当时人们认为它是铜和砷的混合物。

1751年，瑞典的克朗斯塔特，用红砷镍矿表面风化后的晶粒与木炭共热而得到了少量与铜不同的金属。他在1751年发表的研究报告中认为这是一种新金属，称之为nickel，也就是镍的拉丁名称niccolum和符号Ni的来源。

1865年，法国加尼尔首次在新喀里多尼亚发现硅酸镍矿，并命名为硅镁镍矿。1875年开始开采，由于当地燃料、熔剂缺乏和劳动力不足，矿石送往法国、德国冶炼，是世界上最早用鼓风炉炼镍的矿石。1856 年，A. P. 萨尔得在加拿大定子午线时发现在萨德伯里地区罗盘读数显得偏斜，随后，墨累据此在附近检查，从铁帽上（即克里斯顿矿体顶盘）采样分析发现了含 Ni 1%、Cu 2% 的矿石，但因交通不便，未引起注意，至 1883 年才开展工作，于 1886 年发现克里斯顿矿床，从而发现了世界闻名的萨德伯里超大型铜镍硫化物矿床，并于 1901 年实施露天开采。从此，世界镍的冶炼由氧化镍矿转向硫化镍矿。

1973 年，有人第一次提出镍是哺乳动物必需的微量元素，1975 年以后开展了镍的营养与代谢研究。当时由于产量有限，镍被人们视为贵金属，用以制作首饰。20 世纪以来，人们发现了镍的多种用途及其在改善钢的性能方面所具有的独特功能，现代镍工业由此诞生并得到迅速发展。

国外于 1775 年制得纯镍，随后瑞典等少数国家开始了镍的工业生产。当时，由于技术条件等因素的限制，镍的生产长期停滞不前。据统计，直到将镍炼制成合金钢以后，镍工业才有了较快的发展。1910 年世界镍产量只有 2.3 万吨，到 1980 年发展为 74.28 万吨，2009 年达到 135 万吨，预计目前世界原镍产量为 161 万吨，消费量为 153 万吨。

镍的陆地资源按照地质成因来划分，主要有两类：岩浆型硫化镍矿和风化型红土镍矿。其中红土镍矿资源储量占陆地镍资源的 70%，伴生有铁和钴等元素；硫化镍矿占 30%，伴生有铜、钴、金、银及铂族元素。

虽然全球陆地镍资源的 70% 为红土镍矿，但是目前镍产量60%来自硫化镍矿。传统的几个硫化镍矿矿山（加拿大的萨德伯里、俄罗斯的诺里尔斯克、澳大利亚的坎博尔达、中国的金川、南非的里斯腾堡等）的开采深度日益增加，开采难度加大。为此，全球镍行业将资源开发的重点瞄准占全球镍储量70%的红土镍矿。因此，未来的镍业发展主要集中在红土镍矿的技术开发和综合利用研究上。

第二章　中国镍业发展史

中国是最早发现镍的国家。历史学家们发现，中国早在瑞典科学家克朗斯塔特发现镍前一千八百年的西汉（公元前一世纪）就已知道用镍和铜来制造合金——白铜。那时人们主要用白铜来作马具、烛台、盘子等。中国古代制造的白铜器件，不仅畅销全国而且还远销国外。

到了近代，东印度公司从中国广东购买了大量的白铜制品运送到德国，使德国人从中国学会了炼白铜的技术，并开始大量仿造生产。同样，中国炼制白铜的技术在当时也传入了瑞典，这也就是一些人误认为镍是瑞典人克朗斯塔特首先发现的原因。

中国至迟在春秋战国时期就已经出现了含镍成分的兵器及合金器皿。古代云南出产的一种“白铜”中，也含有很高的镍。在公元前，中国就知道使用镍锌、镍铜合金。中国镍工业始于1957年四川省力马河镍矿的开采，虽然生产规模较小，但它填补了中国镍工业的空白。1958年10月，甘肃煤田地质勘探局在永昌县境内探到一块孔雀石，经化验发现含有镍，随后开始在这里进行大规模的勘探和建设，拉开了中国镍基地建设的大幕。现在金川镍矿已成为中国最大的镍矿藏储备提炼基地，这在很大程度上解决了中国对镍的需要。到了 90 年代，由于新疆喀拉通克镍矿、云南金平镍矿及吉林赤柏松镍矿的开发和投产，更使中国镍工业的发展上了一个新台阶。

金川镍矿是世界著名的多金属共生的大型硫化铜镍矿之一。在同类矿床中，储量仅次于俄罗斯的诺里尔斯克和加拿大的萨德伯里，占中国已探明储量的 70% 以上，铜、钴储量居国内第二位，铂族金属储量则居全国之冠。

20 世纪 50 年代初，上海冶炼厂、沈阳冶炼厂、重庆冶炼厂等企业主要在铜电解液中和处理杂铜的过程中提取镍金属。此外，也从古巴进口的氧化镍中制取镍金属。中国使用国内矿产原料提取镍是从四川会理镍矿开始的。1959 年，四川会理镍矿投入生产。1963 年和 1964 年，金川镍矿和吉林磐石镍矿又相继投入生产。金川镍矿的发现和建成投产，不但使中国的镍资源储量跃居世界前列，而且大大提高了中国国产镍的产量。进入 21 世纪以来，金川集团不断加大对矿山的投入，利用新的探矿、找矿方法，在自有矿山的深部和外围进一步勘探，仅 2001 年就在龙首矿深部发现一处中型矿体，含镍、铜金属量分别达到 6 万多吨和 3 万多吨。

中国原生镍原料供给由两个部分组成，一部分是自产镍精矿，其余为进口镍矿和中间产品。2010 年中国原生镍产量为 32.6 万吨，自产镍矿占比约 24.5%。

目前中国镍选矿一般采用弱酸或弱碱介质浮选工艺，镍冶炼普遍采用火法造锍熔炼工艺，镍精炼主要采用硫化镍阳极隔膜电解和硫酸选择性浸出—电积工艺。

自 2006 年中国镍消费量达到 25.5 万吨以后，中国已成为世界最大的镍消费国之一。

参考文献

[1] 莫友怡. 世界镍业与中国镍业简况[J]. 有色矿山，2001(30)：62，63.

[2] 曹异生. 国际镍矿业进展及发展前景预测[J]. 世界有色金属，2007(8)：34 ~ 39.

[3] 袁湘沂. 浅说我国镍矿产资源[J]. 中国金属通报，2005(45)：10 ~ 12.

第二篇

镍的性质与用途

第一章　镍的性质

第一节　镍的物理性质

镍是一种银白色的金属，熔点为1453℃ ±1℃，沸点为2800℃，其物理性质主要表现：

（1）密度。20℃时，密度为 8.908g/cm^3，可靠数值为8.9 ~ 8.908g/cm^3。熔点时，液体镍的密度为 7.9 g/cm^3。

（2）比热容。在0 ~ 1000℃的温度范围内变动为420 ~ 620J/(kg · K)，在居里温度或其附近有一显著的高峰，此温度下失去铁磁性。

（3）电阻率。在20℃时按其纯度99.99% ~99.8%变动为6.8 ~9.9μΩ · cm。

（4）磁性。镍是许多磁性物料（从高磁导率的软磁合金到高矫顽力的永磁合金）的主要组成部分，其含量常为10% ~20%。

第二节 镍的化学性质

镍是元素周期表中第Ⅷ族的元素，原子序数28，相对原子质量58.71，熔点为1453℃±1℃，沸点为2800℃。天然生成的镍有五种稳定的同位素：^{58}Ni 67.7%、^{60}Ni 26.2%、^{61}Ni 1.25%、^{62}Ni 3.66%、^{64}Ni 1.66%。镍的许多物理化学性质与钴、铁近似；由于与铜毗邻，因此在亲氧和亲硫性方面较接近铜。

镍的化学性质主要有：

（1）在大气中不易生锈以及能抵抗苛性碱的腐蚀。大气实验结果为：99%纯度的镍在20年内不生锈痕，无论在水溶液或熔盐内镍抵抗苛性碱的能力都很强，在50%沸腾苛性钠溶液中每年的腐蚀速度不超过25μm，对盐类溶液只容易受到氧化性盐类（如氯化高铁或次氯酸铁盐）的侵蚀。镍能抵抗所有的有机化合物的侵蚀。

（2）在空气或氧气中，镍表面上形成一层NiO薄膜，可防止进一步氧化。含硫的气体对镍有严重腐蚀，尤其在镍与硫化镍（Ni_3S_2）的共晶温度643℃以上时更是如此。

（3）20℃时镍的电极电位为－0.227V，25℃时镍的电极电位为－0.231V，若溶液中有少量杂质，尤其是有硫存在时，镍即显著钝化。

第三节 镍的主要化合物及其性质

镍的化合物在自然界里有三种基本形态，即镍的氧化物、硫化物和砷化物。

一、镍的氧化物

镍有三种氧化物，即氧化亚镍（NiO），四氧化三镍（Ni_3O_4）及三氧化二镍（Ni_2O_3）。三氧化二镍仅在低温时稳定，加热至400～450℃，即离解为四氧化三镍，进一步提高温度最终变成氧化亚镍。

镍可形成多种盐类，但与钴不同，只生成两价镍盐，因此，不稳定的三氧化二镍常作为较负电金属（如钴、铁）的氧化剂，用于镍电解液净化除钴用。

氧化亚镍的熔点为1650～1660℃，很容易被碳或钴所还原。

氧化亚镍与CoO、FeO一样，可形成$MeO \cdot SiO_2$和$2MeO \cdot SiO_2$两类硅酸盐化合物，但$NiO \cdot SiO_2$不稳定。

氧化亚镍具有触媒作用，可使SO_2转变为SO_3，而SO_3与NiO又可以形成稳定的硫酸盐，并较铜、铁的硫酸盐稳定，加热到750～800℃才显著离解。

氧化亚镍能溶于硫酸、亚硫酸、盐酸和硝酸溶液中形成绿色的两价镍盐。当与石灰乳发生反应时，即形成绿色氢氧化镍（$Ni(OH)_2$）沉淀。

二、镍的硫化物

镍的硫化物有：NiS_2、NiS_5、Ni_3S_2、NiS。硫化亚镍（NiS）在高温下不稳定，在中性和还原性气氛下受热时按下式离解：

$$3NiS = Ni_3S_2 + \frac{1}{2}S_2$$

在冶炼温度下，Ni_3S_2 是稳定的，其离解压比 FeS 小，但比 Cu_2S 大。

三、镍的砷化物

镍的砷化物有砷化镍（NiAs）和二砷化三镍（Ni_3As_2）。前者在自然界中为红砷镍矿，在中性气氛中可按下式离解：

$$3NiAs = Ni_3As_2 + As$$

在氧化性气氛中红砷镍矿的砷一部分形成挥发性的 As_2O_3，一部分则形成无挥发性的砷酸盐（$NiO \cdot As_2O_3$）。因此，为了更完全地脱砷，在氧化焙烧后还必须再进行还原焙烧，使砷酸盐转变为砷化物，在进一步氧化焙烧中再使砷以 As_2O_3 形态挥发，即进行交替的氧化还原焙烧以完成脱砷过程。

镍类似铁和钴，在 50～100℃温度下，可与一氧化碳形成羰基镍（$Ni(CO)_4$）：

$$Ni + 4CO = Ni(CO)_4$$

当温度提高至 180～200℃时，羰基镍又分解为金属镍。该反应是羰基法提取镍的理论基础。

第二章 镍的用途

第一节 不锈钢

不锈钢按主要化学组成分为铬不锈钢、铬镍不锈钢和铬锰氮不锈钢等；按性能特点分成耐酸不锈钢和耐热不锈钢等；按金相组织分为铁素体（F）型不锈钢、马氏体（M）型不锈钢、奥氏体（A）型不锈钢、奥氏体-铁素体（A-F）型双相不锈钢、奥氏体-马氏体（A-M）型双相不锈钢和沉淀硬化（PH）型不锈钢；按牌号分为200系列——铬-镍-锰不锈钢、300系列——铬-镍不锈钢 、400系列——铁素体和马氏体不锈钢、500系列——耐热铬合金钢、600系列——马氏体沉淀硬化不锈钢。在钢中添加镍元素，可以形成奥氏体，因此镍是制造奥氏体不锈钢的主要添加元素，镍还可以提高奥氏体钢的高温强度，锰虽然可以替代镍促进奥氏体化，但它同时也会降低抗氧化性。

奥氏体不锈钢是无磁性或弱磁性的，而铁素体不锈钢和马氏体不锈钢是带磁性的，所以用磁铁能区别奥氏体不锈钢和其他不锈钢。但日常生活中用磁铁鉴定不锈钢的做法是不科学的。

奥氏体不锈钢一般含铬大于18%，含8%左右的镍及少量钼、钛、氮等元素，综合性能好，可耐多种介质腐蚀。奥氏体不锈钢的常用牌号有1Cr18Ni9（302）、0Cr19Ni9（304）等。这类钢具有良好的塑性、韧性、焊接性和耐蚀性能，在氧化性和还原性介质中耐蚀性均较好，用来制作耐酸设备，如耐蚀容器及设备衬里、输送管道、耐硝酸的设备零件等。

第二节 合 金 钢

合金钢是在普通碳素钢基础上添加适量的一种或多种合

金元素而构成的铁碳合金。根据添加元素的不同，并采取适当的加工工艺，可获得高强度、高韧性、耐磨、耐腐蚀、耐低温、耐高温、无磁性等特殊性能。合金钢也称特种钢。

镍能提高合金钢的强度，又能保持良好的塑性和韧性，同时镍对酸碱有较高的耐腐蚀能力，在高温下具有防锈和耐热能力。

第三节 镍基合金

镍基合金一般指含镍量大于50%的合金。根据主要用途，镍基合金可以分为镍基耐高温合金、镍基耐蚀合金及电热合金。

一、镍基高温合金

目前成熟应用的高温合金主要有镍基、铁基、钴基高温合金，其中镍基高温合金在高温合金中应用最为广泛。主要原因在于：一是镍基合金中可以溶解较多合金元素，且能保持较好的组织稳定性；二是可以形成共格有序的 A_3B 型金属间化合物相作为强化相，使合金得到有效的强化，获得比铁基高温合金和钴基高温合金更高的高温强度；三是含铬的镍基合金具有比铁基高温合金更好的抗氧化和抗燃气腐蚀能力。镍基合金含有十多种元素，其中铬主要起抗氧化和抗腐蚀作用，其他元素主要起强化作用。根据它们的强化作用方式可分为：固溶强化元素，如钨、钼、钴、铬和钒等；沉淀强化元素，如铝、钛、铌和钽；晶界强化元素，如硼、锆、镁和稀土元素等。

二、镍基耐蚀合金

镍基耐蚀合金一般具有奥氏体组织，按成分划分主要有以下几类：

（1）镍铜合金。镍铜合金是最早应用（1905 年美国生产）的耐蚀合金，又称蒙乃尔合金（Monel 合金）。耐中性溶液、水、海水、大气、有机化合物等的腐蚀。该合金的一个重要特征是不产生应力腐蚀裂纹，切削性能良好。在还原性介质中耐蚀性优于镍，而在氧化性介质中耐蚀性又优于铜，它在无氧和氧化剂的条件下，是耐高温氟气、氟化氢和氢氟酸的最好材料。典型的是蒙乃尔 400 合金，它是一种用量最大、用途最广、综合性能极佳的耐蚀合金。此合金在氢氟酸和氟气介质中具有优异的耐蚀性，对热浓碱液也有优良的耐蚀性。

（2）镍铬合金。镍铬合金主要在氧化性介质条件下使用。抗高温氧化和含硫、钒等气体的腐蚀，其耐蚀性随铬含量的增加而增强。这类合金也具有较好的耐氢氧化物（如 NaOH、KOH）腐蚀和耐应力腐蚀的能力。

（3）镍钼合金。镍钼合金最著名的是美国哈氏合金国际公司的哈氏合金 B 系列，主要在还原性介质腐蚀的条件下使用。它是耐盐酸腐蚀的最好的一种合金，但在有氧和氧化剂存在时，耐蚀性会显著下降。

（4）镍铬钼（钨）合金。镍铬钼（钨）合金兼有上述镍铬合金、镍钼合金的性能，主要在氧化-还原混合介质条件下使用。这类合金在高温氟化氢气中、在含氧和氧化剂的盐酸、氢氟酸溶液中以及在室温下的湿氯气中耐蚀性良好，典型的是哈氏合金 C 系列。

（5）镍铬钼铜合金。镍铬钼铜合金具有既耐硝酸又耐硫酸腐蚀的能力，在一些氧化-还原性混合酸中也有很好的耐蚀性。

三、高电阻电热合金

电热合金主要有两大类：一类是铁素体组织的铁铬铝系合金；另一类是奥氏体组织的镍铬系合金。

铁铬铝系合金：一般含 12%～30%铬，4%～8%铜，余为铁，呈铁素体组织。最高使用温度可达1300℃。这类合金在450℃和700℃左右分别有脆化区，高温强度低、高温下使用甚至不能支持自身重量而伸长变形，冷却后发生脆化，不宜焊接修复；但电阻率高，抗氧化性良好，且价格便宜，因而应用广泛。

镍铬（铁）系合金：一般含 15%～30%铬，29%～80%镍，余为铜，呈奥氏体组织，普遍使用的 Cr20Ni80 合金的最高使用温度为1100℃。这类合金的特点是以氧化铬（Cr_2O_3）构成表面保护膜，耐蚀性强、高温强度高、成型加工和焊接性能好。其缺点是价格高，且不宜在含硫气氛中使用。

第四节 精密合金

精密合金是一种含有多种元素的合金，有较严格的化学成分范围、特殊的熔炼工艺和热处理工艺，具有特定的物理性能和物理力学性能，用作功能材料。

精密合金按其主要物理性能分为：软磁合金、变形永磁合金、弹性合金、膨胀合金、热双金属和精密电阻合金六类。精密合金牌号 1J 打头代表软磁合金、2J 代表变形永磁合金、3J 代表弹性合金 、4J 代表膨胀合金、5J 代表热双金属、6J 代表精密电阻合金。镍是精密合金用量较大的合金化元素，个别牌号用量达 80% 以上。

第五节 电镀工业

电镀和化学镀也是镍的主要消费领域。在钢材和其他金属基体上覆盖一层耐用、耐腐蚀的表面层，其防腐蚀性比镀锌层高 20% ~25% 。目前，世界镍电镀和化学镀每年消费镍超过 10 万吨。

第六节 非合金领域

一、粘接材料

目前，中国建筑业用的金刚石薄壁钻头、切割片及石油天然气等矿用金刚石钻头、硬质合金钻头的胎体粘接材料大多采用镍粉；金属材料加工、汽车、摩托车机械打磨加工等用的工具大多采用金刚石磨料磨具，其胎体材料也大都采用镍粉。镍粉有羰基镍粉、电解镍粉和还原镍粉。

镍粉作为催化剂应用的前景也十分看好，目前中国催化剂行业每年用镍量约 5000 吨。其他领域对镍粉的年消耗量也在不断增加。

二、电池材料

目前世界广泛应用的镍镉、镍氢可充电电池正极材料大量采用镍粉，对镍粉需求量很大。由于镍氢电池的可靠性强，电动汽车与混合动力车优先采用镍氢电池。日本丰田公司已使 180 万辆普瑞斯轿车（目前为第三代）上路；每辆车有一个电池组，使用约 10 千克镍，镍以氢氧化镍的形式被利用。

根据国际镍协会 2007 年进行的关于镍对欧盟经济重要性的研究显示，2006 年在欧盟销售了 5 万多辆混合动力汽车。预计到 2015 年混合动力汽车市场额将占所有新车销售额的 4% ~5%，相当于 92 万辆，其中 2/3 将采用镍氢电池。欧盟新车产量约占世界新车总量的 1/3，预计到 2020 年，欧盟的混合动力汽车市场份额将翻三倍，达到总销售额的 15%。

与其他电池相比，镍氢电池每单位质量比铅酸电池容量多 30% ~50%，镍氢电池可以持续使用 8 ~ 10 年，而铅酸电池仅为2~3年。此外，镍氢电池能充电几千次且第一次不必完全放电。

镍氢电池的正负极都使用镍。负极用特殊的镍合金例如镧镍（$LaNi_5$）或者锆镍（$ZrNi_2$）合金制成，而正极板活性物质为氢氧化镍($Ni(OH)_2$)。换句话说，镍是镍氢电池必不可少的重要成分。

三、催化剂材料

泡沫镍用于汽车催化剂转换器、催化燃烧、柴油车黑烟净化器的催化剂载体。发动机冷启动时，一氧化碳和碳氢化合物转化，由于热传导性质，泡沫镍催化剂载体则可能优越于陶瓷催化剂载体。从这种意义上来讲，泡沫镍可以与耐高温钢催化剂载体相比或比耐高温钢催化剂载体更优越。

参 考 文 献

[1] 黄其兴，王立川，朱鼎元．镍冶金学[M]．北京：中国科学技术出版社，1990.

[2] 任鸿九，王立川．有色金属提取手册(铜镍卷)[M]．北京：冶金工业出版社，2000.

[3] 北京有色冶金设计研究总院，等．重有色金属冶炼设计手册(铜镍卷)[M]．北京：冶金工业出版社，1996.

[4] 彭容秋．重金属冶金学[M]．长沙：中南大学出版社，2009.

[5] 何焕华，等．中国镍钴冶金[M]．北京：冶金工业出版社，2000.

第三篇

镍资源及其分布

第一章 镍矿概述

镍属于亲铁元素，在地球中的含量仅次于硅、氧、铁、镁，居第五位。在地核中含镍最高的是天然的镍铁合金。在地壳中，铁镁质岩石含镍高于硅铝质岩石，例如橄榄岩含镍为花岗岩的1000倍，辉长岩含镍为花岗岩的80倍。

世界镍资源比较丰富。据美国地质调查局《矿物商品概要2006》报道，世界已查明的镍金属储量约为6200万吨，基础储量约1.4亿吨。按地质成因划分，镍矿床主要分为两大类：岩浆型硫化镍矿床和风化型氧化镍矿床。

硫化镍矿主要以镍黄铁矿$(Fe, Ni)_9S_8$、紫硫镍铁矿(Ni_2FeS_4)、针镍矿(NiS)等游离硫化镍形态存在，有相当一部分镍以类质同象赋存于磁黄铁矿中。按镍含量不同，原生镍矿可分为三个等级：特富矿：$Ni \geq 3\%$；富矿：$1\% \leq Ni < 3\%$；贫矿：$0.3\% \leq Ni < 1\%$。

在氧化镍矿中，红土镍矿含铁高，含硅镁低，含镍为1%~2%；硅酸镍矿含铁低，含硅镁高，含镍为1.6%~

4.0%。目前，氧化镍矿的开发利用是以红土镍矿为主，它是由超基性岩风化发展而成，镍主要以镍褐铁矿（很少结晶到不结晶的氧化铁）形式存在。

第二章 镍资源分布

第一节 世界镍资源分布

美国地调局统计数据显示，近 10 年来，世界镍资源储量总体呈现稳步增长态势。1998～2007 年，尽管世界镍矿金属年均产量近 130 万吨，但是镍储量却持续增长，2007 年高达 6700 万吨，比上年增长 4.7%；与此对应，资源储量静态保障能力也从 35 年上升至 43 年。这揭示着世界镍资源比较丰富，供应保障能力总体向好。

从类型上看，世界镍资源主要有红土型矿及硫化物型矿两种，红土型矿主要分布在赤道附近的古巴、新喀里多尼亚、印度尼西亚、菲律宾、巴西、哥伦比亚和多米尼加等国；硫化物型矿主要分布在加拿大、俄罗斯、澳大利亚、中国、南非等国家。此外，深海特别是太平洋深海的锰结核中也蕴藏着丰富的镍。

从世界镍资源分布格局来看，澳大利亚镍资源储量占据世界总储量的 1/3，是世界镍资源的核心区；俄罗斯、古巴、加拿大及新喀里多尼亚的镍储量也在世界占有重要地位。2007 年，澳大利亚、印度尼西亚、新喀里多尼亚的矿山镍产量分别达到18.3万吨、22.9万吨和12.5万吨，分别占世界总量的11.7%、14.7%和8.0%；加上俄罗斯和加拿大，这五国的矿山镍产量已经占到世界总量的70%。巴西、希腊、菲律宾及委内瑞拉也挤入世界镍资源大国行列。表3-1列出了世界镍资源分布情况。

表3-1 世界镍资源统计数据（USGS 2009）

国 家	储量/万吨	比例/%	基础储量/万吨	比例/%
澳大利亚	2600	37.14	2900	19.33
古 巴	560	8	2300	15.33
加拿大	490	7	1500	10
新喀里多尼亚	710	10.14	1500	10
印度尼西亚	320	4.57	1300	8.67
南 非	370	5.29	1200	8
俄罗斯	660	9.43	920	6.13
巴 西	450	6.43	830	5.53
中 国	110	1.57	760	5.07
菲律宾	94	1.34	520	3.47
哥伦比亚	140	2	270	1.8
多米尼加	72	1.03	100	0.67
博茨瓦纳	49	0.7	92	0.61
希 腊	49	0.7	90	0.6
委内瑞拉	56	0.8	63	0.42
津巴布韦	1.5	0.02	26	0.17
美 国	—		15	0.1
其 他	220	3.14	610	4.07
合 计	7000	100	15000	100

第二节　中国镍资源分布

中国镍矿类型主要分为硫化铜镍矿和氧化镍矿两大类，但是以硫化铜镍矿为主，约占全国总量的90%，并且共伴生矿产多、综合利用价值高；氧化镍矿约占总量的10%，构成上与世界总体情况正好相反。

就大区来看，中国的镍矿主要分布在西北、西南和东北，其保有储量占总储量的比例分别为76.8%、12.1%和4.9%。就各省（区）来看，甘肃储量最多，占全国镍矿总储量的62%，其次是新疆（11.6%）、云南（8.9%）、吉林（4.4%）、湖北（3.4%）和四川（3.3%）。

与国外资源相比，中国镍矿资源具有两个显著特点：一是矿石品位较富，平均含镍大于1%的硫化镍富矿约占全国总量的40%；二是镍资源分布高度集中，甘肃、云南、吉林及新疆四省（区）的镍矿储量约占全国总量的85%。

与此同时，中国镍资源形势不容乐观，在国内发现金川矿区这样大型镍矿资源的可能性已经不大，由于没有新的大型矿床资源支撑，中国镍资源短缺矛盾将日益突出。

参考文献

[1] 乔富贵，朱杰勇．全球镍资源分布及云南镍矿床[J]．云南地质，2005(24)：395～401.

[2] 何焕华．世界镍工业现状及发展趋势[J]．有色冶炼，2001(12)：5，7～9，26.

[3] 陈甲斌．国内外镍资源开发现状[J]．中国金属通报，2008(47)：18，19.

第四篇

采选技术与装备

第一章 采矿技术与装备

第一节 空场采矿法

空场采矿法适用于开采矿石和围岩都很稳固的矿床，且采空区在一定时间内，允许有较大的暴露面积。目前应用比较广泛的几种空场采矿法有房柱法（包括全面法）、浅孔留矿法、分段法、阶段矿房法等。图 4-1 ~ 图 4-3 分别为空场

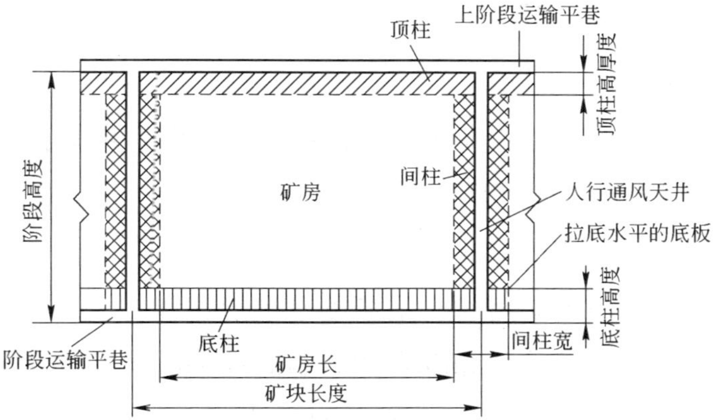

图 4-1 空场采矿法示意图（一）

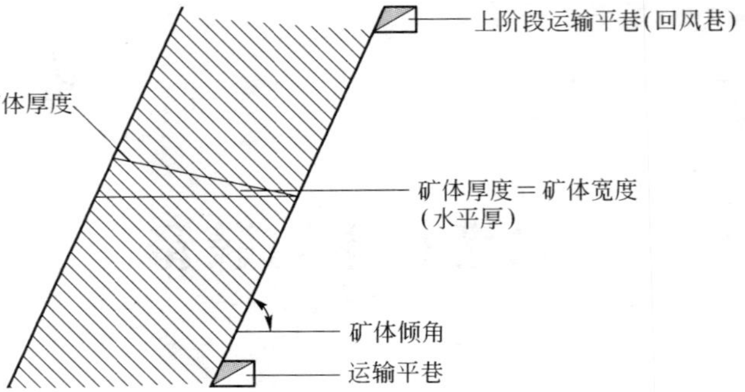

图 4-2 空场采矿法示意图（二）

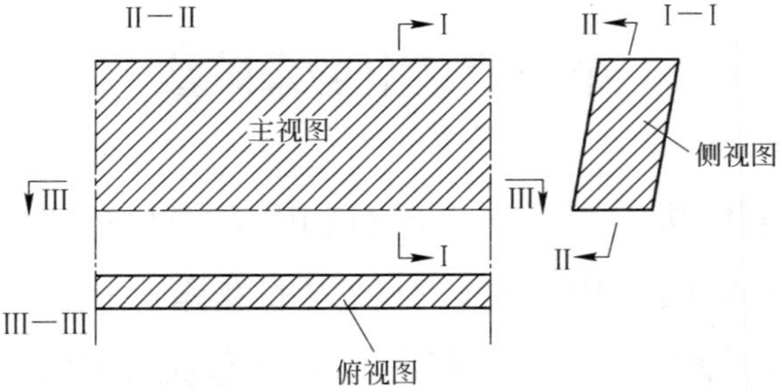

图 4-3 空场采矿法示意图（三）

采矿法的三种示意图。

空场采矿法是分步骤回采，主要包括以下步骤：

（1）在回采过程中，空场法是把矿块划分为矿房和矿柱两部分来开采；

（2）在回采矿房时，采场以空场形式存在；

（3）它是用矿柱和围岩体的稳固性来维护采空区的；

（4）矿房采完以后，要及时回采矿柱，并及时（有计划地）处理采空区；

（5）在回采过程中，采场主要依靠暂留的矿柱或永久矿柱进行自然支撑，有时辅以人工矿柱支撑。

第二节　充填采矿法

随着回采工作面的推进，用充填料充填采空区的方法称做充填采矿法。按照充填料的性能和充填工艺特点，充填采矿法可分为胶结充填和非胶结充填，其中非胶结充填又可分为干式充填和水砂充填。按照矿块回采工作面的推进方向和回采工艺特点，充填采矿法可分为上向分层充填采矿法、下向分层充填采矿法、壁式充填采矿法、削壁充填法和支架充填法等。

与其他采矿法相比，充填采矿法具有采切工程量小、矿石损失贫化少、防止矿床开采的内因火灾、可靠的维护围岩，减少围岩的移动和防止大量冒落、对薄矿脉或多品种矿石可以进行选别回采等优点，但同时也存在回采工艺和充填工艺复杂、充填和采矿互相影响、充填料的开采、加工、输送成本较高、劳动强度大等缺点。

充填采矿法主要适用于以下矿床：

（1）开采品位较高的富矿，并且要求有比较高的回采率和比较低的贫化率，或开采稀贵金属；

（2）赋有条件和开采技术条件比较复杂的矿床；

（3）矿石稳固，围岩不稳固的矿床；

（4）开采极倾斜矿体。

充填采矿法在国内外金属矿山应用的历史悠久，古代就用采掘的废石留在采空区的办法来采矿。经过发展，目前大多采用机械化作业的充填采矿法。充填采矿法在国外金属矿山已获得日益广泛的应用，其所占比重正在持续上升，例如，加拿大、美国、日本、瑞典、俄罗斯、德国等。充填采矿法在中国金属矿山应用情况是变化的，开始应用得比较多，后来减少，现在又兴盛起来。

第三节 崩落采矿法

崩落采矿法就是以崩落围岩来实现地压管理的采矿方法，即在崩落矿石的同时强制或自然崩落围岩，充填空区，用以控制和管理地压。主要有两种开采工艺：一种是分段崩落采矿，用凿岩爆破法破碎矿石；另一种是矿块崩落采矿，矿石自然破碎，在岩石破碎过程中利用岩体应力状态作为主动力而实现。图 4-4 所示为崩落采矿法的分类。

第四节 典型采矿设备

近十多年来，世界采掘设备的发展步伐日益加速。发展的主要方向是大型化、远程遥控和自动化。其追求的目标是使矿山生产更高效、更安全、更有利于进行信息化改造，使矿山企业获得更高的经济效益。中国矿山的采掘装备水平也在朝着无轨化、液压化的方向推进。首先，新设计的矿山，

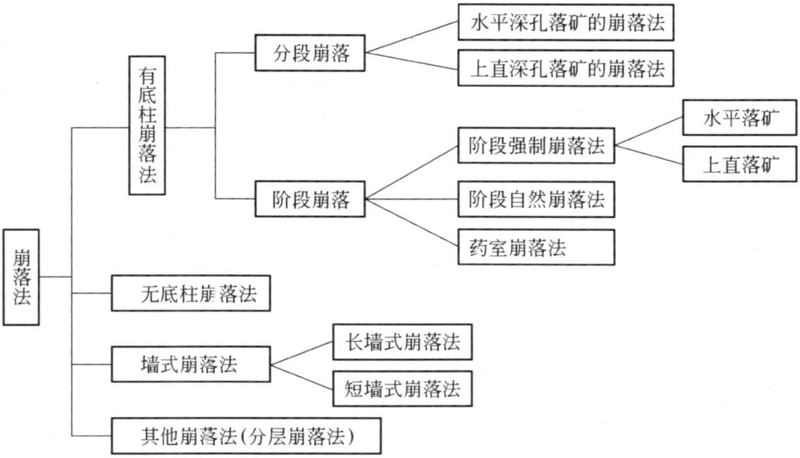

图 4-4　崩落采矿法的分类

出矿基本都采用了无轨设备，凿岩视采矿方法的不同，或者采用液压凿岩台车，或者采用高风压潜孔钻机。这类设备的国产化率虽然在不断提高，但目前还未能生产出在国际市场上有竞争力的自主品牌产品，与矿业发达国家相比，总体机械化水平还有较大差距。

采矿装备主要可分为凿岩设备和装运设备。

一、凿岩设备

采矿凿岩设备包括三大类：气腿凿岩机、凿岩台车和潜孔钻机。

传统的凿岩设备，在国内外都得到了广泛应用。

凿岩台车有风动和全液压两种，同时又分为浅孔凿岩台车和深孔（中深孔）凿岩台车两类。中国风动浅孔凿岩台车并没有真正发展起来，有些矿山仍在使用以YG-90风动凿岩机为主体的中深孔台架或台车，这种设备虽投资省，但效率低。国外矿山和国内新设计的矿山都采用了全液压浅孔和深孔凿岩台车。这类台车的发展趋势是：

（1）深孔凿岩台车能满足钻凿360°扇形炮孔的要求；

（2）利用机载计算机实现全自动炮孔准确定位、开孔和钻进，保证炮孔的最小偏斜，避免爆破时对周边爆破范围外矿岩的破坏和矿石的过粉碎；

（3）凿岩过程有关数据的自动检测，用于评价凿岩的效果，预测前方的地质条件。

潜孔钻机的特点有：

（1）利用增压空压机实现高风压凿岩，风压已从1.0～1.1MPa提高到2.5～2.8MPa；

（2）孔深可达75m；

（3）孔的偏斜可控制在0.5%～1%，最多不超过1.5%；

（4）孔径90～254mm，通常为110～171mm。根据经验，孔径每增加25mm，由于单位用药量增加，破碎扩展范围达1m；

（5）与孔外凿岩机中深孔凿岩相比，设备的完好率、利用率高，在每天2～3个班工作的条件下，其效率可达每年5万米，而且设备运转时的噪声低，在破碎岩体中不易卡钻；

（6）可实现360°凿岩。但由于大量岩粉碎屑会堆积在工作面，应尽可能避免钻凿上向孔。

二、装运设备

（一）铲运机

自1963年铲运机首次在矿山应用以来，经过不断改进发展，已被公认为是生产可靠、高效、低成本和对采矿环境适应性强的地下矿用设备，应用日益广泛。

柴油铲运机具有灵活性和多功能性的特点，除了其正常装运矿岩的功能外，还可用于清理道路、搬运材料、向卡车装载。因通风和环保因素，电动铲运机应运而生。其价格稍高、灵活性稍差，但用于采场短距离固定点装运矿石比较适合。

铲运机的规格通常是以铲斗的容积或铲斗有效载重来表示，目前最小的柴油铲运机为0.75m^3，最大的为9m^3，最小的电动铲运机为2m^3，最大的为10m^3。此外还生产有低矮式铲运机。

远程遥控装载、自动运行和卸载的铲运机已在不少国家的矿山使用，提高了工时利用率，降低了生产成本。对于某些采矿方法的最后清理采场，甚为方便。

（二）地下矿用汽车

地下矿用汽车在国外应用较为普遍。目前无人驾驶、自动导航、自动定位的地下运矿汽车，已在国外一些矿山的示范采区投入运行。

第二章 选矿技术与装备

第一节 重 选 法

根据矿物密度的不同而进行分离的方法称为重力选矿法。重选法需在介质中进行，所用的介质有水、重介质和空气，其中最常用的是水。许多金属矿物的密度比脉石要高，得到的重产物为精矿，轻产物为尾矿。也有些时候是有用矿物被富集到轻矿物中，脉石进入重矿物中，例如选煤就是这样。

重选的实质概括起来就是松散—分层—分离过程。将待分选物料置于分选设备内形成散体物料床层，使其在重力、流体浮力、流体动力、惯性力或其他机械力的推动下松散，目的是使不同密度颗粒发生分层转移。分层后的物料层在机械作用下分别排出，即实现了分选。影响分层过程的矿粒性质是它的密度、粒度以及形状等诸因素。

第二节 浮 选 法

矿物或有些物料的浮选分离就是利用矿物间或物料间润湿性的差别，并用调节自由能的方法扩大差别来实现分离的。常用添加特定浮选药剂的方法来扩大物料间润湿性的差别。浮选药剂能有效改变矿物的可浮性，主要包括捕收剂、起泡剂和调整剂（pH 值调整剂、活化剂及抑制剂）三种。

（1）捕收剂。其主要作用是促进目的矿物表面疏水，增强可浮性，使其易于向气泡附着。主要有黄药类、黑药类及胺类等。

（2）起泡剂。其主要作用是促使泡沫形成，增加分选界面，与捕收剂也有联合作用。主要有油类、醇类等。

（3）调整剂。其主要用于调整捕收剂的作用及介质条件。其中改善目的矿物的疏水性、促进目的矿物与捕收剂作用的，为活化剂；抑制非目的矿物可浮性的，为抑制剂；调整介质 pH 值的，为 pH 值调整剂，主要有酸、碱、盐类等。

浮选法主要用于硫化铜镍矿、铅锌矿、铜钼矿等有较好的疏水性、嵌布粒度较细、很难用其他方法回收的矿物。通过破碎、磨矿等工艺使有用矿物充分单体解离，再通过添加选矿药剂增强有用矿物的疏水性，利用浮选泡沫将疏水的有用矿物与亲水的脉石矿物分离。

第三节　磁 选 法

磁选法是基于被分离物料中不同组分的磁性差异，采用不同类型的磁选机将物料中不同磁性组分分离的技术。磁选广泛应用在各类铁矿石、锰矿石、有色和稀有金属矿的选别中，还有非金属矿物的除铁、提纯以及粗钨精矿的精选、含钽铌-独居石矿的粗精矿精选、海滨砂矿粗精矿精选中。

物料进入磁选机的非均匀磁场中，物料颗粒同时受到磁力和竞争力的作用，对磁性较强的颗粒，磁力超过竞争力；对磁性较弱或非磁性颗粒竞争力超过磁力，最终合力决定了颗粒的运动轨迹。磁力占优势的颗粒，便成为磁性产品；竞争力占优势的颗粒成为非磁性产品，在某些情况下也可分出中矿。

第四节 电 选 法

电选法是利用矿物之间电性的差异来分离矿物的一种选矿方法。利用电选机使物料颗粒带电，在电选机电场中颗粒受电场力和机械力(重力、离心力等)的作用，不同电性质的颗粒运动轨迹发生分离，使物料分成导体产品和非导体产品。对利用可浮性、密度、磁性难以分离的物料，却可以利用电性将它们分离。例如金红石与锆石，锡石与白钨矿的分离等。

电选法主要应用在白钨锡石矿、钛铁矿、金红石矿、钽铌矿以及铁矿石的选别，一般和重选、磁选联合起来使用。电选时首先用重选得到重矿物精矿，然后再根据重矿物组分的磁性、电性再进行进一步分离，得到最终的磁性精矿和导体精矿。

第五节 其他选矿方法

一、化学选矿

化学选矿是依据物料在化学性质上的差异，利用物质在两相之间的转移实现物料分离的方法。化学选矿一般应用在有用组分含量低、杂质组分和有害组分含量高、组成复杂的难选矿物原料。化学选矿属于物理选矿和传统冶金之间的过渡性学科，是现代矿物工程学的重要组成部分，属于选矿的范畴。

化学选矿过程通常涉及矿物的化学热处理、水溶液化学处理和电化学处理等各种作业。选矿流程一般包括原料准备、矿物原料焙烧、矿物浸出、固液分离、浸出液处理等5个部分，但并不一定包括上述全部作业。

化学选矿主要用于处理贫、细、杂等难选矿物原料。其分选效率比物理选矿法高，但化学选矿过程需消耗大量的化学药剂，对设备材质和固液分离等的要求均比物理选矿高。因此，在通常条件下应尽可能采用现有的物理选矿法处理矿物原料，仅在单独使用物理选矿法无法处理或得不到合理的技术经济指标时，才考虑采用化学选矿工艺。

采用化学选矿工艺时，应尽量使药剂能够充分回收和循环使用，以降低药剂消耗和减少环境污染，并应尽可能采用物理选矿和化学选矿的联合流程，采用多种选矿方法处理矿物原料，以便最经济地综合利用矿产资源。

二、微生物浸出法

1947年，科尔默（Colmer）、亨科尔（Hinkle）首次从酸性矿坑水中分离出一种微生物-氧化亚铁硫杆菌，并对其生理特性进行了鉴定。1958年，美国肯尼科特（Kennecott）

铜矿公司的 Utah 矿首先利用该细菌渗滤浸出硫化铜矿获得成功，并取得这项技术的专利。近 20 年来，细菌冶金已成为湿法冶金领域的热门研究课题。研究内容包括浸矿细菌的分离和鉴定、细菌浸出工艺、浸出动力学及浸出机理等，浸出金属的种类也不断增加，除铜、铀外，还有镍、锌、钴、锰、某些稀有金属和金、银等贵金属，如今细菌冶金已经发展成为一种新的湿法冶金方法，内容包括从矿物中提取各种金属，也包括用生物法除去其他工艺方法取得金属时的干扰组分。

微生物浸矿工艺包括堆浸法、地浸法、槽浸法以及搅拌浸出法等。在国外，微生物浸矿技术已成功应用于多种金属的提取（包括铜、铀、金、银、钴、钼、锌等），并已实现了工业化。与国外相比，我国的生物浸出铜的研究和大规模应用起步较晚，迄今为止虽取得了一些令人鼓舞的试验研究成果，但离大规模的工业化应用还有相当长的一段距离，大量的基础和应用研究应抓紧开展。

第六节 典型选矿装备

一、重选设备

（一）摇床

根据用途，摇床可分为矿砂（0.074～2mm）摇床和矿泥（<0.074mm）摇床。根据摇床的床头结构、床面形式和

支撑方式等结构上的不同，将其分为6-S摇床、云锡式摇床、弹簧摇床、新型多层化摇床、离心摇床等。影响摇床选矿指标的工艺参数有：冲程、冲次、给矿浓度、给矿粒度组成、床面水、床面横向坡度等。这里只介绍一下应用较广的云锡式摇床。

云锡式摇床也称为贵阳式摇床，在结构上与国外的普拉特-奥（Plat-O）型摇床类似。云锡式床头运动的不对称性较大，且有较宽的差动性调节范围以适应不同的给料粒度和选别要求。床头机构运转可靠，易磨损的零件少，且不漏洞。其缺点是弹簧安装在床面底下，检修和调节冲程均不方便（调冲程时需先放松弹簧）。床面的横向坡度可调整范围小（0°~5°）；当横坡及冲程调节过大时，将由于床头拉杆的轴线与床面重心的轴线过分分离而引起床面振动。

（二）跳汰机

跳汰机的种类比较多，有活塞跳汰机、隔膜跳汰机、无活塞跳汰机、水力鼓动跳汰机、动筛跳汰机等。但目前在重选厂应用最多的是隔膜跳汰机。隔膜跳汰机有多种机型。按隔膜的位置来分类，有上动型（又称旁动型）隔膜跳汰机、下动型隔膜跳汰机、垂直侧动隔膜跳汰机。这里着重介绍上动型隔膜跳汰机。

上动型隔膜跳汰机在中国应用最早，基本由Denver型跳汰机改制而成，由机架、传动机构（包括隔膜）、跳汰室及角锥形箱四大部分组成。跳汰室共有两个。给料经第一室选别后再进入第二室选别，每室的水流分别由设在旁侧的隔膜推动运动。隔膜呈椭圆形，借周边的橡皮膜与机体连接，将水密封。位于隔膜上方的偏心传动机构通过摇臂带动隔膜上下运动。在隔膜室的下方设有筛下补加水管，补加水量由阀门控制。

（三）螺旋选矿机和螺旋溜槽

两者均属螺旋选矿设备，选别原理相同，设备结构也相似。其主要区别为螺旋槽的横截面不同。螺旋选矿机的螺旋槽的横截面为近似椭圆形，适于选别粒度较粗的矿石，一般选别粒度范围为 0.074 ~ 2mm。螺旋溜槽的螺旋槽横截面为立方抛物线形，槽底较宽、较为平缓，适于选别粒度较细的矿石和矿泥，一般选别粒度范围为 0.02 ~ 0.5mm。由于以上两种设备很相似，这里重点介绍一下 GL 型螺旋选矿机。

GL 型螺旋选矿机的结构特点是螺旋槽横断面形状由立方抛物线、直线、圆、抛物线复合组成，螺距采用变值螺距设计，充分利用各力场的作用和二次环流作用，强化矿物分选。螺旋选矿机主要由给矿斗、螺旋选别槽、精矿截取器、接矿斗、中心承重柱五部分组成。主要部件螺旋选别槽由玻璃钢制成，其分选面涂有耐磨的聚氨酯，以提高设备的使用寿命。

二、浮选设备

根据充气和搅拌方式，浮选机可分为三类，即机械搅拌式浮选机、充气搅拌式浮选机和充气式浮选机。不管是哪类浮选机都有多种机型，这里重点介绍两种应用较为广泛的机型。

（一）机械搅拌式浮选机

机械搅拌式浮选机的充气和搅拌都是由叶轮和定子组成的机械装置完成的，属于外气自吸式浮选机。

1. XJ 型机械搅拌型浮选机

XJ 型（又称 A 型、XJK 型）机械搅拌型浮选机是 20 世纪 50 年代从苏联引进的，形式较老，虽经改造，但基本结构没有变，且已形成系列。由于历史原因，这种浮选机在中国应用广泛。XJK 型浮选机广泛应用于铜、铅、锌、镍、钼、金等有色金属、黑色金属和非金属矿物的粗选、精选和反浮选作业。

2. XJQ 型、JJF 型、BS-M 型浮选机

XJQ 型、JJF 型、BS-M 型浮选机基本相同，均为采用美国威姆科型浮选机而研制的。XJQ 型是 1979 年由沈阳矿山机械有限公司研制成功的，当时容积为 $16m^3$ 的浮选机是国内最大规格的，在鞍钢东鞍山浮选赤铁矿时选别指标和性能均优于 6A 型浮选机。随后北京矿冶研究总院采用同样原理和结构的 JJF 型浮选机，在大冶有色金属公司使用时各项指标和性能也均优于 7A 型浮选机。BS-M 型是由中国有色工程研究总院 1984 年设计研制的，也逐步系列化。

该类型浮选机的优点是选矿回收率高，生产能力大，可处理的粒度范围宽，药剂用量少，维修费用低，性能可靠。其缺点是不能自吸矿浆，中矿返回时要用泡沫泵。

（二）充气搅拌式浮选机

充气搅拌式浮选机既装有机械搅拌装置，又利用外部特设的风机强制吹入空气。但机械搅拌装置一般只起搅拌矿浆和分布气流的作用，空气主要靠外部风机压入，矿浆充气与搅拌是分开的。

1. XJC 型、CHF 型、BS-X 型充气机械搅拌式浮选机

XJC 型、CHF 型、BS-X 型充气机械搅拌式浮选机的结构和工作原理基本相同，均类似于美国丹弗 D-R 型浮选机。其主要特点是利用矿浆的垂直大循环和由低压鼓风机压入空气来提高浮选效率。

XJC 型浮选机可广泛用于金属矿物、非金属矿物的粗选和精选作业，对铜、镍、钼、铅、锌、金、银等矿物进行有效选别。

2. KYF（XCF）型、BSK 型充气搅拌式浮选机

KYF（XCF）型、BSK 型充气搅拌式浮选机分别由北京矿冶研究总院和中国有色工程研究总院于 20 世纪 80 年代中期研制成功，均与芬兰奥托昆普 OK 型浮选机类似，同时吸收了美国道尔-奥利弗浮选机的优点。

近年来，北京矿冶研究总院在原有的基础上又进一步开发改进了 KYF 型和 XCF 型浮选机，规格扩大，容量增加，最大已达 $160m^3$，已接近或达到国际先进水平。

3. YX 型闪速浮选机

YX 型闪速浮选机是一种比较特殊的浮选机，由北京矿

冶研究总院研制和生产。该机适用于在磨矿分级回路中处理分级设备的返砂，提前拿出部分已单体解离的粗粒有价矿物或含有价矿物较多、较大的连生体，直接获得最终精矿产品或粗精矿进入下段再选，既可降低循环负荷、改善磨矿分级条件、提高磨矿机处理能力，又可减少矿物过磨、避免有价矿物细化和中间环节的损失、提高有价矿物特别是金和银等贵重金属的回收率。

（三）充气式浮选机

充气式浮选机的特点是既没有机械搅拌器，也没有传动部件，有专门设置的压风机提供充气用的空气。浮选柱即是这一类型浮选机，其优点是结构简单、容易制造。其缺点是没有搅拌器，使浮选效果受到一定影响；充气器容易结钙，不利于空气弥散。下面主要介绍一下 FWX 旋流微泡浮选柱。

FWX 旋流微泡浮选柱包括柱体、微泡发生器和尾矿箱三个部分。柱体分为三段，即精选段、粗选段和扫选段。柱体的顶部设有泡沫喷淋水装置和精矿收集槽。给矿管位于柱高 2/3 处，分选最终的尾矿从扫选段底部的排料口经尾矿箱排出。利用尾矿箱可以调节柱体内的液位。气泡发生器位于柱体外部，是该设备实现分选的关键部件。从粗选段底部抽出的循环矿浆，经泵加压，射入气泡发生器，吸入空气并粉碎成微细气泡，随后在压力释放过程中析出大量微细气泡，在管内混合，倾斜喷入扫选段，形成较强的旋涡搅动，既可加强分选又可防止矿浆沉槽。

三、磁选设备

国内外磁选机种类很多，分类方法不一。按选别过程的介质分为湿式磁选机和干式磁选机；按磁源分为电磁式磁选机和永磁式磁选机；根据磁场强弱可分为强磁、中磁、弱磁磁选机；按磁场类型可分为恒定磁场、脉动磁场和交变磁场磁选机；按机体外形结构可分为盘式磁选机、带式磁选机、筒式磁选机、辊式磁选机、平环式磁选机、立环式磁选机、感应辊式磁选机等。虽然磁选机的种类和机型很多，但最实用、最普遍的是干式磁选机和湿式磁选机。

（一）干式磁选机

干式磁选机是针对干燥的磁性矿物进行分选的磁力选矿设备，相对于湿式磁选机分选矿物时要使用液体作为稀释剂提高分选效率而言，干式磁选机则要求被分选的矿物干燥，颗粒之间可以自由移动、成独立的自由状态，否则会影响磁选效果，甚至会造成不可分选的后果。干式磁选机适用于粒度小于3mm的磁铁矿、磁黄铁矿、焙烧矿、钛铁矿等物料，也用于煤、非金属矿、建材等物料的除铁作业。干式磁选机有干式强磁选机和干式弱磁选机。干式强磁选机主要用于进行弱磁性矿物颗粒的分选，而干式弱磁选机主要用途是去除铁屑和强磁性杂质，或富集强磁性有用组分。

（二）湿式磁选机

湿式磁选是矿物颗粒在以水为介质的前提下进行磁性分选的。最常用的湿式磁选机包括永磁筒式磁选机，它分顺流型、逆流型、半逆流型三种。顺流型磁选机处理能力大，适宜于处理较粗粒级（大于6mm）的强磁性物料的粗选和精选作业。逆流型磁选机适宜于粒度小于0.6mm的细粒强磁性矿物的粗选与扫选作业。这是因为尾矿排出口距给矿端较远，选别时间较长，回收率较高，而精矿排出端离给矿较近，所以精矿品位较低。半逆流型磁选机可以获得较高质量的精矿，同时也能得到较好的回收率。因此，半逆流磁选机在生产实践中得到广泛的应用。它适宜于处理粒度小于0.2mm的强磁性矿物的粗选与精选作业，它可以多台串联工作，实现多次精选的作用。

四、电选设备

电选机的种类多达几十种，但在分类上则各不相同，有的按电场的特征分类，有的按结构形式分类，有的按给矿方式分类，也有的按分选粗粒或细粒分类。但在国内外生产中90%以上使用的为鼓筒式电选机（小直径的也成为辊式）。因此这里着重介绍一下鼓筒式电选机。

（一）ϕ120mm×1500mm 双辊电选机

ϕ120mm×1500mm 双辊电选机是中国于1964年研制成功的。目前在国内使用广泛。它是由美国的Sutton式电选机发展而来的，与前苏联的C-31250型相同。

（二）DXJ ϕ320mm×900mm 高压电选机

中国于1971年研制成功了高压电选机，在国内有色金属选厂推广使用，取得显著效果。高压电选机是利用物料导电性能的差异，在高压电晕电场与高压静电电场相结合的复合电场中，在电力和机械力的作用下，实现对物料的分离。对导体加强了静电极的吸引力，对非导体加强了斥力。到目前为止，这种电选机又得到了进一步的改进，分选效果有了长足的进步。

（三）美国卡普科电选机

美国卡普科电选机为美国 Carpco 公司生产的一种新型高压电选机，共有 6 个鼓筒。第一个鼓筒选出的产品可由第二个鼓筒再选，这样可进行多次分选。采用三鼓筒并列，公用高压电源的方法。

其他类型电选机还有自由落下式电选机、电场摇床、回旋电选机、板式电选机等。

参 考 文 献

[1] 杨殿．金属矿床地下开采[M]．长沙：中南工业大学出版社，1999.

[2]《采矿手册》编辑委员会．采矿手册 4[M]．北京：冶金工业出版社，1990.

[3] 新编矿山采矿设计手册　矿床开采卷(中)[M]．北京：中国矿业大学出版社，2006.

[4] 于润仓．采矿工程师手册[M]．北京：冶金工业出版社，2009.

[5]《中国选矿设备手册》编委会．中国选矿设备手册之重选设备[M]．北京：科学出版社，2006.

[6]《中国选矿设备手册》编委会．中国选矿设备手册之磁选设备[M]．北京：科学出版社，2006.

[7]《中国选矿设备手册》编委会．中国选矿设备手册之电选设备[M]．北京：科学出版社，2006.

[8]《中国选矿设备手册》编委会．中国选矿设备手册之浮选设备[M]．北京：

科学出版社，2006.
[9] 孙时元. 最新中国选矿设备(第一册)[M]. 北京：机械工业出版社，2006.
[10] 孙时元. 最新中国选矿设备(第二册)[M]. 北京：机械工业出版社，2006.
[11] 孙时元. 最新中国选矿设备(第三册)[M]. 北京：机械工业出版社，2006.
[12] 孙玉波. 重力选矿[M]. 北京：冶金工业出版社，1982.
[13] 王淀佐. 资源加工学[M]. 北京：中南大学出版社，2003.
[14] 聂树人，索有瑞. 难选冶金矿石浸金[M]. 北京：地质出版社，1997.
[15] 童雄. 微生物浸出的理论与实践[M]. 北京：冶金工业出版社，1997.
[16] 浸矿技术编委会. 浸出技术[M]. 北京：原子能出版社，1994.

第五篇

冶炼技术与装备

第一章 概 述

由于镍矿石和精矿具有品位低、成分复杂、伴生脉石多、难熔的特点，因此镍的生产方法比较复杂。根据矿石的种类、品位和用户要求的不同，可以生产多种不同形态的产品，通常有纯镍类：电镍、镍丸、镍块、镍锭、镍粉；非纯镍类：烧结氧化镍与镍铁等。近 30 年来，由于合金钢冶炼技术的进步，原来大多数采用纯镍类原料冶炼合金钢和不锈钢的钢厂，已改用非纯镍类，因为这样较为经济。目前国外非纯镍类产品的消耗量占镍总消耗量的 30% 以上。

镍的生产方法归类如图 5-1 所示。镍生产的原则工艺流程如图 5-2 所示。

第二章 火法冶炼

第一节 硫化镍矿的火法冶炼技术

硫化镍矿的火法冶炼主要包括造锍熔炼、低镍锍的吹

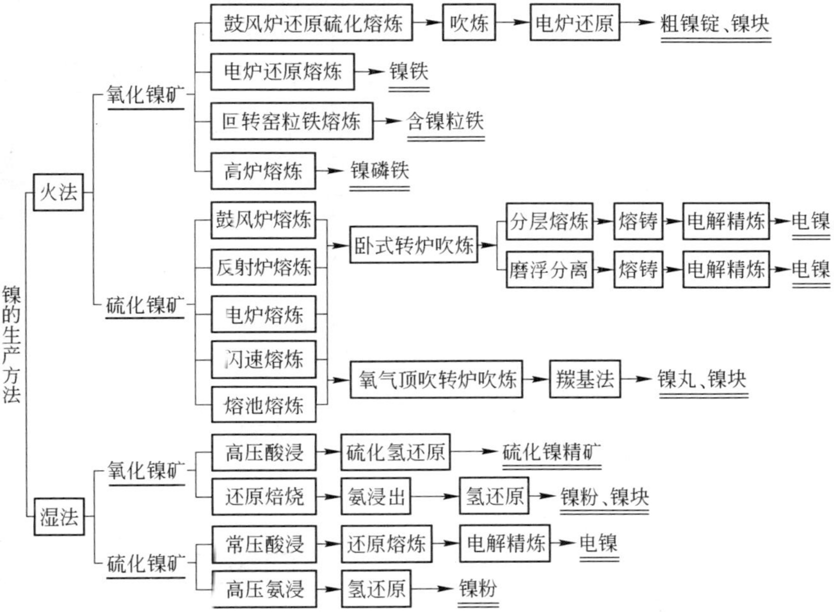

图 5-1　镍的生产方法

炼、高镍锍的分离以及电解精炼等过程，造锍熔炼的工艺流程和设备类似于铜熔炼，但不同之处在于吹炼不能得到粗镍金属而只能得到镍锍。

一、造锍熔炼

硫化镍矿的造锍熔炼技术主要包括鼓风炉熔炼、反射炉熔炼、电炉熔炼、闪速熔炼以及熔池熔炼等。下面主要介绍闪速熔炼和电炉熔炼工艺。

（一）闪速熔炼

闪速熔炼，也可称为悬浮熔炼，它是将预热富氧空气和

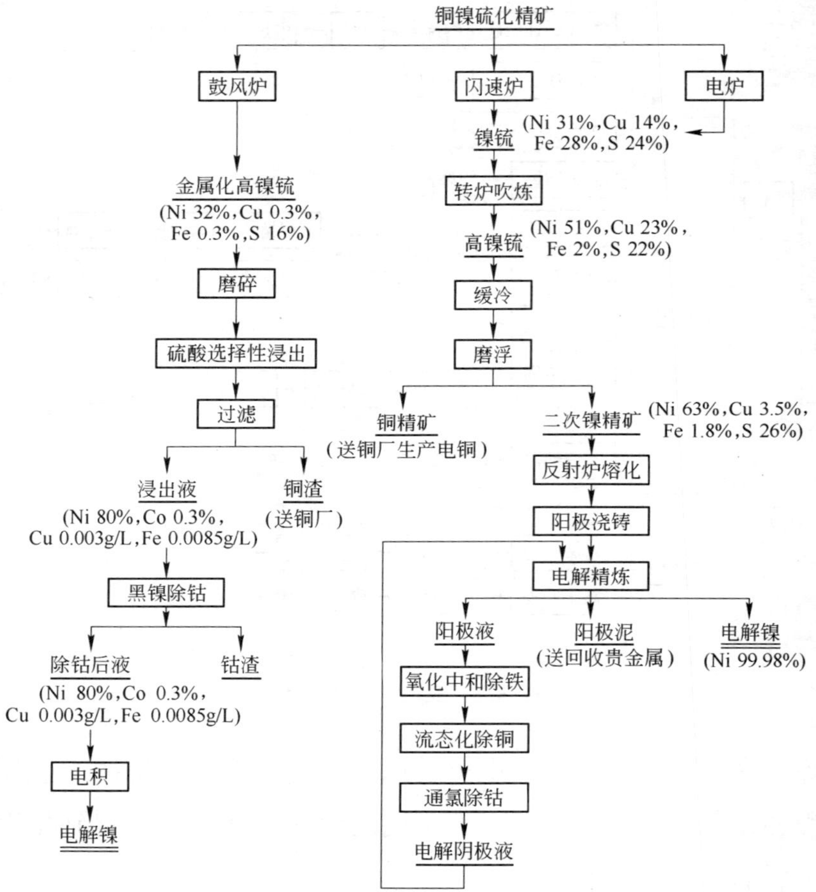

图 5-2　镍生产的原则工艺流程

干燥的精矿以一定的比例加入反应塔顶部的喷嘴中，使气体与精矿强烈混合后以很大的速度呈悬浮状态喷入反应塔内，布满整个反应塔截面，并发生强烈的氧化放热反应的火法熔炼技术。闪速熔炼克服了传统熔炼方法未能充分利用粉状精矿的巨大表面积和矿物燃料的缺点，大大减少了能源消耗，提高了硫的利用率，改善了环境。闪速熔炼有奥托昆普闪速炉和因科纯氧闪速炉两种形式。目前，中国金川集团主要采用的是奥托昆普型镍闪速炉系统。

奥托昆普闪速炉熔炼硫化镍精矿是将深度脱水（含水量小于0.3%）的粉状硫化精矿，在加料喷嘴中与富氧空气混合后，以高速度（60～70m/s）从反应塔顶部喷入高温（1450～1550℃）的反应塔内，此时精矿颗粒被气体包围，处于悬浮状态，在2～3s内基本完成了硫化物的分解、氧化和熔化过程。炉料在下降过程中迅速地在炉膛内发生强烈的氧化放热反应，硫化物和氧化物的混合熔体落入反应塔底部的沉淀池中，继续完成造锍和造渣反应，熔锍与熔渣在沉淀池进行沉降分离，熔渣流入贫化炉进一步还原贫化处理后弃去，熔锍送转炉吹炼进一步富集成高镍锍，产出的低镍锍和炉渣分别由低镍锍口和渣口放出。含 SO_2 较高的高温炉气则通过上升烟道进入余热锅炉、收尘系统经余热回收除尘后送往制酸。

闪速熔炼具有以下优点：

（1）充分利用了粉状精矿的巨大表面积和矿物燃料；

（2）大大地减少了能源消耗；

（3）提高了硫的利用率；

（4）减少了对环境的污染。

（二）电炉熔炼

在现代冶金中，铜、镍冶金所用的电炉属于复合式电炉，多用于熔炼矿石和精矿，故又称为矿热电炉。

电炉可以看做是高温熔池，里面有两层熔体，上面的炉渣层厚1700～1900mm，下层的镍锍层厚600～800mm。装到熔池中固体物料以料堆的形式沉入渣层，形成料坡。物料靠以电能为主要来源的热量进行熔化及反应，电能通过电极送入炉内。电极插入渣层的深度为300～500mm，电能转变为热能就是在渣层中发生的。有40%～80%的热量产生于电极-炉渣的接触面上，其余部分热量则产生于处在电回路中的渣层里。

渣池各部分的热量不同造成了炉渣的对流，过热炉渣在其运动过程中与漂浮着的炉料相遇，使沉入熔池的料坡下部表面熔化。运动着的炉渣与温度低的熔化炉料混合后，在渣池顺流向下沉降，到达电极下端附近，一部分炉渣流向电极，在电极-炉渣接触区内被过热，重新上升至熔池表面；另一部分炉渣则继续下降至对流运动非常薄弱的渣池下层，在这里镍锍和炉渣进行分离。热渣在向远离电极方向的流动过程中，将多余热量传给熔池的较冷部分，从而维持了这一部分熔池的热平衡。

电炉熔炼的优点是：

（1）熔池温度易于调节，并能获得较高的温度，可处理含难熔物较多的原料，炉渣易于过热，有利于四氧化三铁的还原，渣含有价金属较少；

（2）炉气量较小，含尘量较低，安装完善的电炉密封设施，可提高烟气中二氧化硫浓度，并可加以利用；

（3）对物料的质量适应范围大，可以处理一些杂料、返料；

（4）容易控制，易于操作，实现机械化和自动化；

（5）炉气温度低，热利用率达45%～60%，炉顶及部分炉墙可以用廉价的耐火黏土砖砌筑。

电炉熔炼也存在一定的缺点，主要是：

（1）电能消耗大，生产成本高；

（2）对炉料含水量要求严格（不高于3%）；

（3）脱硫率低（16%～20%），处理含硫量高的物料时，在熔炼前必须焙烧预脱硫。

二、低镍锍的吹炼

硫化镍矿造锍熔炼的主要产品为低镍锍，基本上由Fe-Ni-Cu-S四元系或Fe-Ni-S三元系组成。如金川公司低镍锍的主要化学成分为：Ni 48.4%，Cu 13%，S 24%，还需进一步吹炼除铁。但由于镍及NiO的熔点高，较铜容易氧化，故一般吹炼并不能得到粗金属镍，而只能得到高镍锍。

卧式转炉是有色冶金生产中处理铜和镍硫化物的主要冶金设备。它的特点是不需要燃料，仅靠锍（金属硫化物）与鼓入的空气反应放出的热量。卧式转炉处理量大，反应速度快，氧利用率高，可自热熔炼，并可处理大量冷料，是铜、镍冶炼中必不可少的关键设备。但卧式转炉为周期性作业，存在烟气量波动大、SO_2浓度低、烟气外溢、劳动条件差及耐火材料单耗大等缺点。

三、高镍锍的分离

低镍锍经转炉吹炼进一步除铁后，可以得到高镍锍，由于高镍锍除含镍和硫以外，还含有相当数量的铜，并富集了原料中的铂族金属、贵金属及钴，因此高镍锍的铜镍分离和精炼是镍冶炼工艺中的突出问题，也是多年来处理硫化矿的生产关键。通常采用四种方法处理高镍锍，即分层熔炼法、选矿磨浮分离法、选择性浸出法、低压羰基法。下面主要介绍分层熔炼法和磨浮分离法。

分层熔炼法是在熔融状态下，将高镍锍和硫化钠混合熔化，硫化铜极易溶解在硫化钠中，而硫化镍不易溶解于硫化钠 中。因此，当高镍锍和硫化钠混合熔化时，硫化铜大部分进入硫化钠相，因其密度小而浮在顶层，而硫化镍因其密度大而留在底层，当温度下降到凝固温度时，二者分离得更彻底，凝固后的顶层和底层很容易分开。为了使硫化铜及硫化镍更好地分离，可分别对顶层和底层再进行分层熔炼，继续获得分层后的硫化铜和硫化镍，直至满足工艺要求。

磨浮分离法是基于高镍锍在缓冷却时，Cu_2S、Ni_3S_2 等因相互溶解度降低，相应离析出而长成粗的颗粒，从而达到选矿分离的目的。利用选矿磨浮分离铜镍—可溶阳极电解传统生产工艺生产电解镍的典型厂家为俄罗斯诺里尔斯克矿业股份公司镍冶炼厂，该厂处理含 Ni 4.7%、Cu 2.5%，S > 30% 的硫化物精矿。经烧结焙烧，含 9% 的冷烧结块经电炉熔炼产出铜锍，然后按传统工艺处理：吹炼成高镍锍—转炉渣电炉贫化—高镍锍磨浮分离—阳极熔炼—电解。该工艺的缺点是生产效率低、排入大气的烟气含硫量高、耗电量大、有价金属损失大。

四、电解精炼

由磨浮分离法得到的高镍精矿需进一步处理，目的是为了得到电镍及其他商品镍产品（如氧化镍、镍粉等），主要方法包括硫化镍阳极电解提取和粗镍电解精炼。

硫化镍阳极电解时，阳极上发生氧化反应，而阴极上得到电子发生还原反应析出金属镍。其主要反应分别如下：

阳极： $$Ni_3S_2 = 3Ni^{2+} + 2S^0 + 6e$$

阴极： $$Ni^{2+} + 2e = Ni$$

中国目前由磨浮分离法得到的高镍精矿均采用硫化镍阳极电解，即先经干燥、反射炉熔化后，再浇铸成阳极电解，为防止阳极破碎，还必须在550℃以下进行保温缓冷。金川公司采用钢制隔膜架替代木制架，并采用高 pH 值及高电流密度电解；加拿大汤普逊冶炼厂的转炉高镍锍含铜 2.6%，可直接浇铸成阳极电解；其他采用硫化镍阳极电解的厂家还有日本住友、志村镍厂等。

粗镍电解精炼过程首先将高镍精矿焙烧得到 NiO，然后再还原熔炼铸成粗镍阳极。粗镍电解精炼的特点为主金属在阴阳极上的电化学反应和基本为零。采用粗镍阳极电解的代表厂家为加拿大的科尔博恩港镍精炼厂。

第二节　氧化镍矿的火法冶炼技术

氧化镍矿占世界总镍储量的70%，氧化镍矿资源具有勘查、采矿成本低，可直接生产氧化镍、镍锍、镍铁等产品的优点，但同时也存在许多需要解决的技术难题。氧化镍矿火法处理工艺主要包括干燥、焙烧/还原、冶炼、精炼等工序，产品主要为镍铁合金和镍锍产品，镍的回收率约在70%～90%之间，但钴的回收率低于50%，且无法单独分离。氧化镍矿火法冶炼工艺由于冶炼过程中能耗高、成本高等原因，目前主要用于处理高品位的氧化矿。按照产品的不同，可分为生产镍铁合金工艺和生产镍锍工艺。

一、氧化镍矿生产镍铁合金工艺

在氧化镍矿生产镍铁合金工艺中，首先将矿石破碎、筛分，经干燥煅烧后，再进行还原熔炼，产出粗镍铁合金，再经吹炼产出成品镍铁合金。还原熔炼过程一般在电炉中进行，产出的镍铁合金含镍品位较高，可用来生产高级不锈钢，镍的回收率在90%左右，但钴的利用率不高，只能作为镍的替代品。其原则生产工艺流程如图5-3所示。

2005年以后，由于镍价的大幅度上升，致使国内小高炉冶炼低镍生铁合金工艺得到了很大幅度的推广，低镍生铁合金主要用于生产200系列不锈钢，但该工艺存在产品成分波动大，硫和磷等杂质含量高、污染严重等问题。

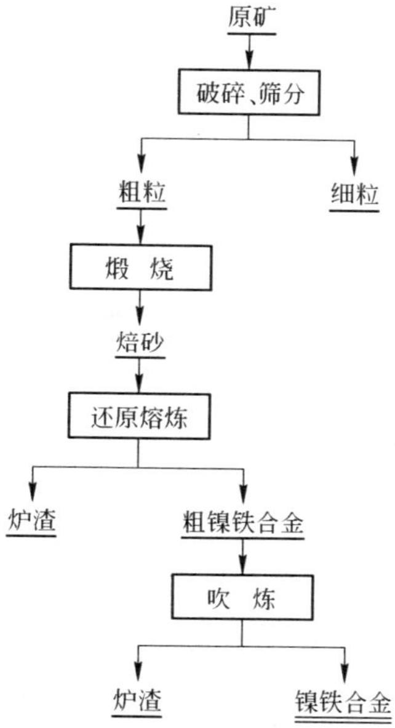

图 5-3　氧化镍矿生产镍铁合金原则工艺流程

类似的氧化镍矿火法处理工艺还有回转窑生产粒铁法，主要在回转窑中进行还原熔炼，但该工艺存在生产效率低、镍回收率低、对原料要求苛刻等问题，并没有得到普及和推广。

二、氧化镍矿生产镍锍工艺

氧化镍矿生产镍锍工艺与生产镍铁工艺不同之处主要是在还原熔炼过程中加入黄铁矿、硫黄或其他含硫镍原料等硫化剂，产出低镍锍，再通过吹炼得到高镍锍产品。高镍锍一般采用湿法流程处理，生产电解镍或还原镍粉，也可以生产可用于生产不锈钢的通用镍，并可回收其中的钴。镍锍生产工艺主要存在工艺流程冗长、金属回收率低等问题，一般情况下全流程镍回收率约为70%。采用该工艺的主要工厂有日本的别子镍厂和法国镍公司的新喀安博冶炼厂等。

第三章 湿法冶炼

第一节 高镍锍的湿法提取技术

20世纪50~60年代国际上大部分镍企业都采用金属镍阳极或硫化镍阳极电解精炼工艺。但该法流程均很繁琐，因此国内外同步致力于高镍锍的湿法提取技术研究，目前国外已经工业化的方法主要有三类：奥托昆普的硫酸选择浸出电解提取法，舍里特·高尔顿的氨浸—氢还原法和鹰桥公司的氯气浸出电解提取法。

在高镍锍湿法提取工艺的工业应用实践方面，芬兰奥托昆普公司哈贾瓦塔精炼厂、津巴布韦的宾都拉冶炼厂、南非英帕拉厂、里斯腾堡贱金属精炼厂等均采用了硫酸浸出工艺，新疆阜康冶炼厂也采用铜镍高镍锍硫酸选择性浸出冶金工艺，成为中国首先实现高镍锍全湿法处理工艺的厂家。鹰桥镍业公司克里斯蒂安松镍精炼采用氯化浸出精炼工艺，已形成了5万吨电解镍的年生产能力；法国镍公司的桑多维尔精炼厂建成了年产2万吨镍的高镍锍氯化精炼厂；日本住友金属矿业公司的新居滨冶炼厂也完成了向氯化精炼工艺的转变。

下面分别对硫酸选择性浸出工艺、氯化浸出精炼工艺和高镍锍加压氨浸工艺进行简单介绍。

一、硫酸选择性浸出法

硫酸选择性浸出的基本过程是：高镍锍经水淬、细磨后采用常压和加压结合的方法进行分段浸出，镍、钴选择性被浸出进入溶液，铜、铁、贵金属则抑制于浸出渣。浸出液经脱铅和除钴后，送电解沉积镍。镍电积回收率可到98%。

硫酸选择性浸出的高镍锍要求含硫较低，以利于镍的溶解。这种高镍锍主要由铜镍合金、Ni_3S_2 和 Cu_2S 三相组成。镍主要存在于合金相和 Ni_3S_2 相中，铜存在于 Cu_2S 和合金相中，铁和钴存在于合金相中。高镍锍吹炼完成后，通常采用在水中骤冷的方法将其水淬制成粒状，再用球磨机磨细后送硫酸选择性浸出。

硫酸选择性浸出通常由二段常压浸出或一段常压连续浸出与一段加压浸出组成。在常压浸出时，金属相的镍基本上能全部溶解，而 Ni_3S_2 相中的镍部分溶解，Cu_2S 相则不溶解。加压浸出工序的目的是使镍、钴达到尽可能高的浸出率，同时浸出部分的铜供常压浸出工序使用，而将高镍锍中大部分铜和贵金属抑制于浸出渣中，以实现选择性浸出。

浸出液富含镍、钴，几乎不含铜、铁等杂质，因而浸出液的净化作业只需要除钴和脱铅。除钴的氧化剂采用特制的黑镍，镍钴分离后，硫酸镍溶液用电解沉积法或氢还原法生产金属镍，硫酸钴溶液进一步净化后，作为提钴原料。脱铅主要加氢氧化钡以生成硫酸钡和硫酸铅共晶沉淀。

阜康冶炼厂是中国首家采用铜镍高镍锍两段逆流硫酸选择性浸出—黑镍除钴—不溶阳极电积工艺生产电镍的工厂。该厂于1991年6月开工兴建，1993年12月投料一次成功，年产符合国家标准的Ni9990或Ni9996电镍2000吨，并能综合回收副产品铜、钴及贵金属等有价金属。其铜镍高镍锍精炼工艺原则流程如图5-4所示。

二、氯化浸出精炼法

氯化浸出是指在水溶液中进行的湿法氯化过程，即通过氯化使高镍锍中的镍、钴、铜等呈氯化物形态溶解的过程。根据浸出剂的种类不同，高镍锍氯化浸出分盐酸浸出和氯气浸出两种。

氯气浸出法的实质是在110℃下，通氯气选择性浸出镍，浸出液经置换脱铜，溶剂萃取分离镍钴，分别电积阴极镍和阴极钴，在阳极上产生的氯气返回浸出。原料中的铜和硫几乎全部以CuS形态留在浸出渣中。氯化浸出精炼工艺具有以下优点：

（1）氯气选择性浸出采用常压低酸操作；

（2）由于氯气的强氧化作用和Cu^{+}/Cu^{2+}的催化作用，化学反应速度快、浸出过程可在沸点下自热进行，能耗低，蒸发水量大，有利于提高整个工艺的水平；

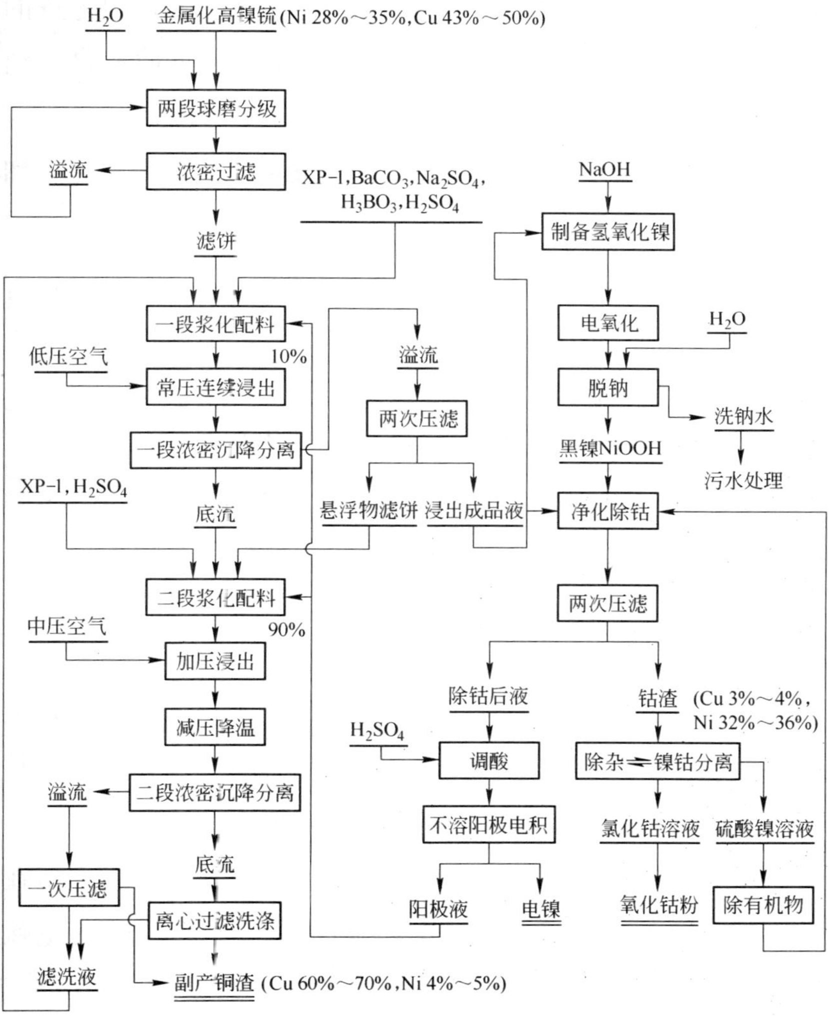

图 5-4 阜康冶炼厂铜镍高镍锍精炼工艺原则流程

(3) 镍钴的回收率高，富镍液含铜低，一次浸出液可实现铜镍的深度分离；

(4) 镍钴氯化物的溶解度高，溶液净化体积小，仅为传统净液方法净液量的1/10～1/6；浸出液便于采用先进的溶剂萃取净化，各金属分离彻底，操作简便，回收率高，消耗少；

（5）原料中硫化物的硫被氧化成元素S，无SO_2污染和酸不平衡的问题；

（6）由于氯化镍溶液电阻率低，镍电积可采用较高的电流密度，槽电压相对较低、电镍质量好，阳极析出的氯气可返回浸出工序循环使用，辅助材料消耗少；

（7）生产过程可以实现较高的机械化和自动化；

（8）可以组织多品种生产，如镍圆、镍粒、氧化镍、氯化镍等。

三、高镍锍的加压氨浸法

加压氨浸法的主要生产过程包括：加压氨浸、蒸氨除铜、氧化水解、液相氢还原制取镍粉和镍粉压块等工序。其过程是将粉状高镍锍置于加压釜内，通入空气和氨，镍、铜、钴等有价金属在加压条件下溶解；铁和其他杂质则留在浸出渣中被废弃。从浸出液中除铜采用一种称为"蒸氨除铜"的过程，当溶液中蒸出部分氨之后，铜呈硫化铜沉淀。为了避免不饱和硫在氢还原制取镍粉时分解，使镍粉含硫增高，脱铜后液用氧化水解法将不饱和硫氧化成硫酸盐。氧化水解后的溶液用氢气在加压条件下将镍还原成镍粉。还原后的尾液通入硫化氢沉淀出残留的镍和钴。不含金属的尾液用真空蒸发结晶法回收硫酸铵。用加压氨浸法从高镍锍中提取镍的工艺特点是：工艺比较简单，环境污染轻，还能回收高镍锍中大部分硫；其主要缺点是对原料的适应性差，钴的浸出率低，还需要供入大量的氨和氢；此外，氨浸过程反应较慢，设备较为庞大。

澳大利亚克威那拉精炼厂是世界上唯一采用加压氨浸法处理高镍锍的工厂，高镍锍来自卡尔古利冶炼厂，工艺流程包括：浸出、蒸氨除铜、氧化水解、液相氢还原、镍粉压块烧结和尾液处理等主要工序。其工艺流程如图 5-5 所示。

第二节　硫化镍矿的湿法提取技术

高镍锍的湿法提取技术在工业上日益得到广泛应用，但到目前为止，硫化镍矿及其浮选精矿的湿法提取技术却发展有限，这主要是由于经济上的原因，而非技术上的困难。下面简单介绍在工业上可与火法冶炼竞争的四种工艺。

一、高压氨浸法

采用高压氨浸法的代表性工厂为加拿大舍里特·高尔顿公司的萨斯喀切温堡镍精炼厂，其主要工艺过程包括两段加压氨浸、浸出液蒸氨除铜、溶液加压氢还原制取镍粉和镍粉压块。镍、钴、铜的冶炼回收率分别达到 90% ~95%、50% ~75%、88% ~92%。20 世纪 70 年代，澳大利亚西部矿业公司克威纳纳镍精炼厂也采用了该项技术。在现有条件

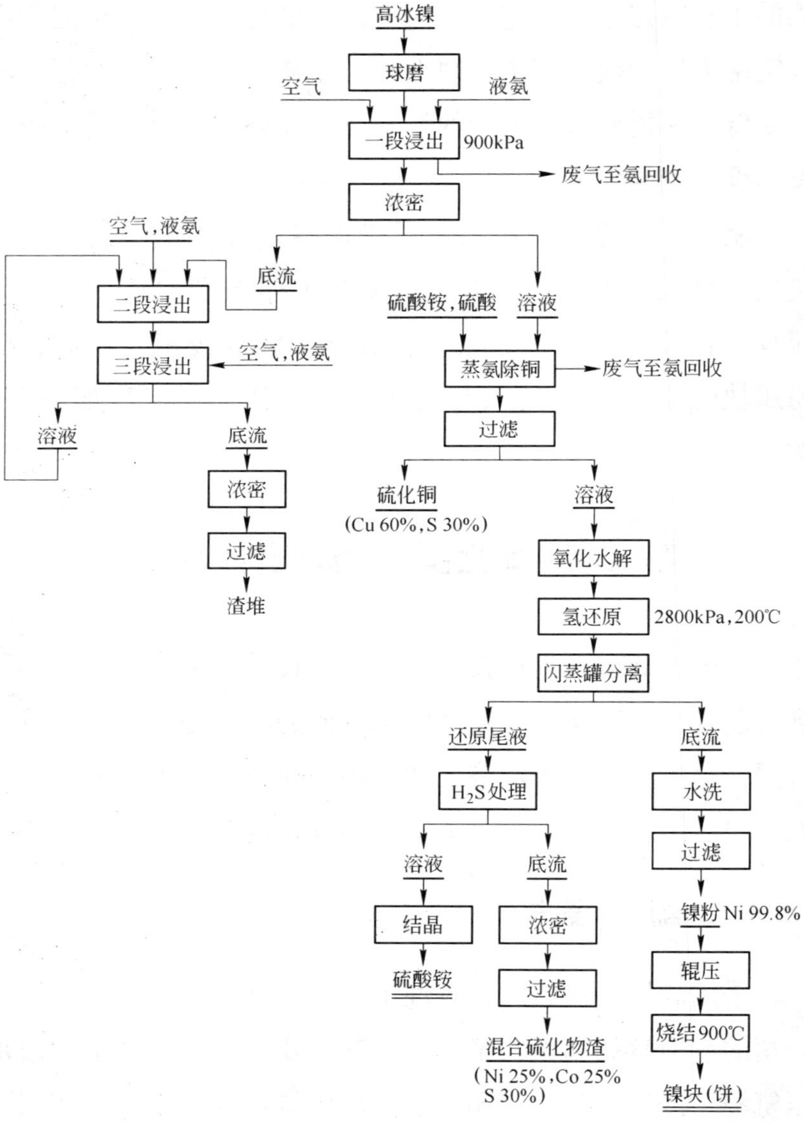

图 5-5 澳大利亚克威那拉精炼厂工艺流程

下，该法主要存在以下缺点：

（1）不能经济地处理含铜高的镍精矿；

（2）过程中溶解的部分贵金属不能回收；

（3）过程反应速度慢，溶液中金属离子浓度低，设备庞大；

（4）采用氢还原剂成本昂贵。

二、硫酸化焙烧浸出法

加拿大鹰桥公司冶炼厂于1960年采用硫酸化焙烧浸出法处理含镍磁黄铁矿，其主要过程为在流态化焙烧炉中进行硫酸化焙烧，使精矿中的镍、铜、钴转化为水溶性的金属硫酸盐，产出的焙砂用水进行浸出，并从浸出液中回收有价金属，浸出渣为铁精矿。芬兰奥托昆普公司科科拉厂采用两段硫酸化焙烧处理含镍黄铁矿和磁黄铁矿精矿，然后浸出回收镍、钴、铜等有价金属。

三、氧化焙烧还原氨浸法

加拿大国际镍公司铜崖矿回收厂采用氧化焙烧氨浸法处理含镍的磁黄铁矿精矿。其过程是将精矿在流态化焙烧炉中氧化后，加入回转窑内用CO_2/CO为1/3的气体选择性还原。还原后的焙砂用碳氨溶液进行五段逆流浸出，浸出液经蒸氨除铜后沉淀得出碳酸镍，最后经干燥、煅烧后得到高品位的氧化镍产品。

四、氧压浸出法

1979年，俄罗斯诺里尔斯克镍联合企业纳杰日达冶炼厂采用氧压浸出法处理含镍磁黄铁矿，其主要过程是将精矿用含氧 80% 的富氧空气进行加压浸出，浸出渣为铁精矿，浸出液采用硫酸化沉淀法使镍、钴沉淀，用浮选法分别选出镍精矿送火法处理。

第三节 氧化镍矿的湿法提取技术

氧化镍矿床一般分为三层：上层是褐铁矿层，铁、钴含量高，硅、镁、镍含量较低；下层是硅镁镍矿，硅、镁含量较高，铁、钴含量较低，镍的含量较高；中间是过渡层，各主要金属含量介于上层与下层之间。

氧化镍矿湿法冶金工艺主要适宜处理低品位褐铁矿类型或过渡层氧化镍矿，这类矿石一般含 MgO 比较低。其主要优点是：金属回收率高，能够综合回收镍、钴、铁等有价金属，能耗低，适宜处理低品位矿石等。近年来，新建的大型镍氧化矿处理厂多数采用湿法冶金工艺。

目前氧化镍矿湿法冶金工艺流程可归纳为湿法氨浸流程和湿法酸浸流程，氨浸法适用于含硅酸盐较多、氧化镁较高的矿石，代表性工厂为古巴的尼加罗厂；而褐铁矿高、氧化镁较低的矿石则适于酸浸法，代表性工厂为古巴的毛阿湾厂。

普遍采用的湿法提取工艺主要有三种，即还原焙烧—氨浸工艺（RRAL）、加压酸浸工艺（HPAL）以及常压酸浸法（AL）。此外，常用的湿法提取技术还包括盐酸常压浸出

（ACPL）、硫酸化焙烧—浸出工艺（RAL）、硫酸加压—常压联合工艺（HPAL-AL），以及生物冶金工艺、微波浸出工艺、氯化离析工艺等。下面分别进行简单介绍。

一、氨浸法

氨浸法是基于氧化镍矿中的镍一般与铁结合成铁酸盐状态，经还原焙烧使铁酸镍转变成金属镍或镍铁合金，以便在氨液中溶解。以古巴尼加罗厂为代表，其规模为年处理矿石178万吨（平均含 Ni 1.3%，Co 0.07%），年产烧结氧化镍1.62万吨（Ni 90%），镍总实收率为70.4%，钴浸出率为18%～20%，氨耗为吨镍410kg，二氧化碳耗量为吨镍551kg，古巴尼加罗冶炼厂生产工艺流程如图5-6所示。

氨浸法的主要优点有：

（1）能选择性溶解焙砂中的镍、铜、钴，并生成稳定的络合物分离回收，铁、锌、镁等一般溶解度很小，大部分均能水解除去；

（2）溶剂易于回收，返回使用；

（3）物料腐蚀性弱，设备多数可用碳钢制作；

（4）采用常压浸出，设备结构简单。

其主要缺点有：

（1）能耗较高，用硫化镍矿生产镍其总能耗约每千克镍22kW·h，而用氧化镍矿其总能耗要比硫化矿大1～3倍；

（2）镍、钴回收率低，尼加罗厂镍的总回收率为70.4%，钴的浸出率为18%～20%，且只富集在烧结氧化

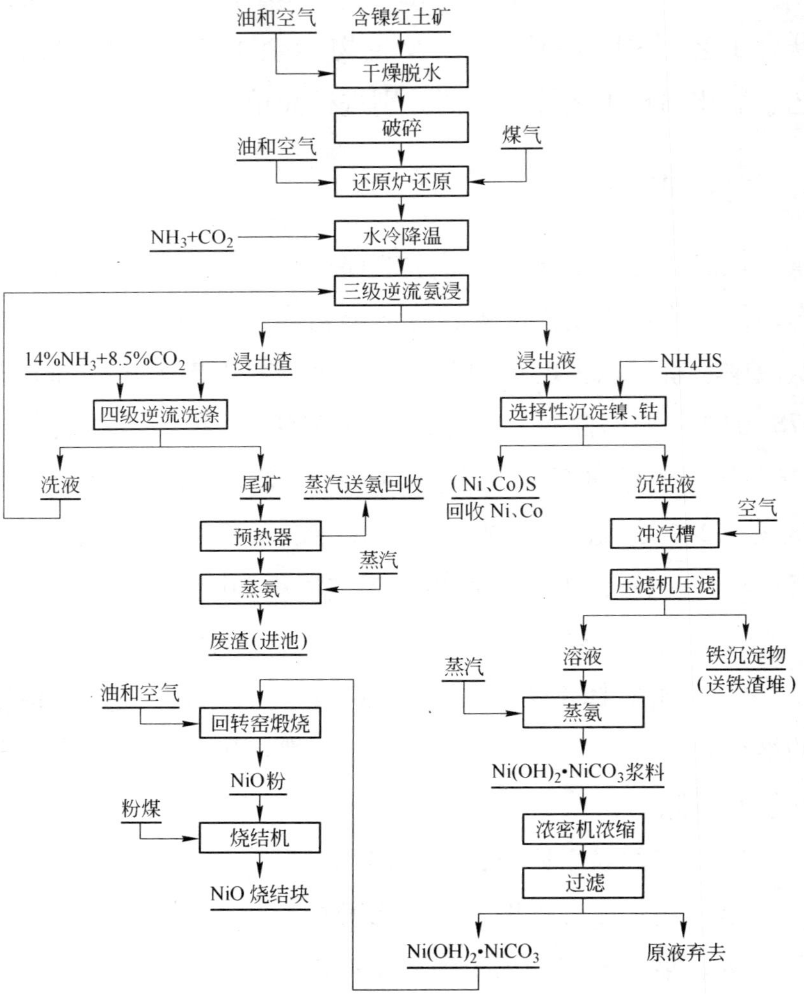

图 5-6 古巴尼加罗冶炼厂生产工艺流程

镍中；

（3）浸出、洗涤作业的液固分离一般采用浓密机，物料在系统中停留时间长（约 72h），设备容积大，厂区占地面积大。

二、加压酸浸法

1959 年在古巴建成的毛阿湾镍厂，是世界上唯一采用高温高压直接酸浸氧化镍矿提取镍、钴的工厂。毛阿湾含镍氧化矿属于褐铁矿类型，针对其含氧化镁低、含钴相对较高的特点，矿石在浸出前，预热到 80℃，然后用泵送到 4 台串联的空气搅拌高压釜内，在压力约 4.3MPa、温度为 230 ~ 260℃的条件下，按硫酸与矿石之比约 1/4 的比例，泵入 98%的浓硫酸，浸 1 ~ 2h，使镍、钴、铜及锌溶解，可将 95%以上的镍和钴溶解出来，而铁则存于渣中。虽然铁的氧化物在硫酸溶液中是溶解的，但在高温下 Fe^{3+} 会水解沉淀成为易过滤的 Fe_2O_3，并产生硫酸，这是该工艺的优点。古巴毛阿湾厂镍、钴的总回收率分别为 96.5% 和 94%。其工艺流程如图 5-7 所示。

三、硫酸常压浸出工艺

虽然硫酸加压浸出工艺具有较高的镍钴浸出率以及较低的加工成本，但是由于其浸出过程是在高温高压条件下进行的，操作控制要求较高，且设备投资大，因此，越来越多的研究者开始关注常压酸浸工艺，寻求在常压条件下有效地从镍红土矿中分离出镍、钴的工艺方法。

国内外学者进行了大量的常压浸出镍红土矿的研究，结果表明，常压浸出方法具有工艺简单、能耗低、投资费用

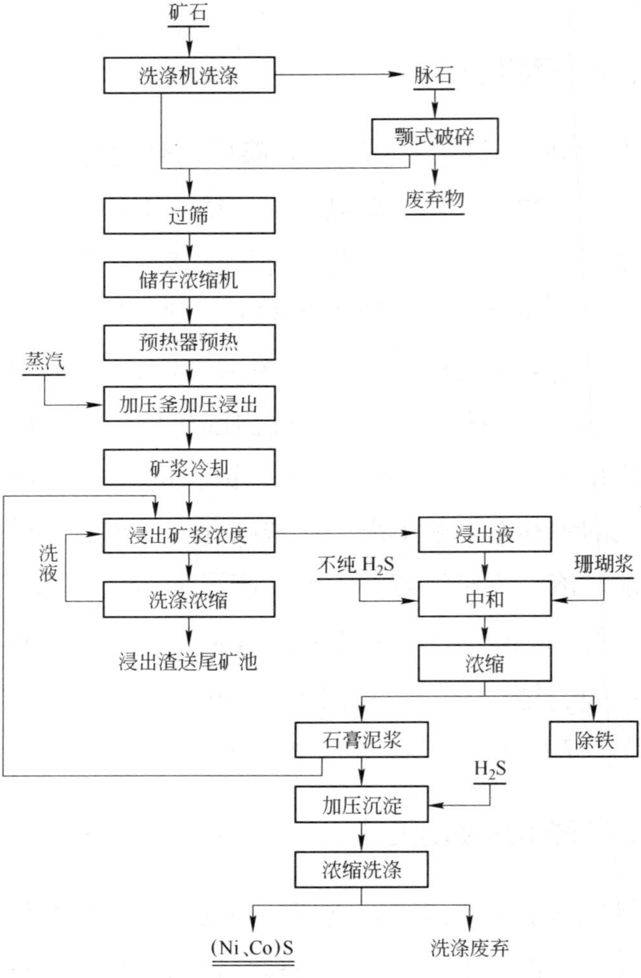

图 5-7　毛阿湾镍冶炼厂生产工艺流程

少、操作简单等优点，但也存在浸出矿浆液固分离困难、镍钴浸出率低、浸出液杂质含量高、浸出液处理困难等缺点。目前，中国云南元江镍业、广西玉林银亿矿冶、江西锂业等生产厂家已经采用常压硫酸浸出工艺处理镍红土矿。

四、硫酸化焙烧—浸出工艺

酸化焙烧—浸出工艺是将硫酸与矿石混匀后，在700℃左右的温度下进行焙烧，矿石中的镍和钴形成可溶性硫酸盐，而矿石中的铁则转化为难溶于水的赤铁矿，焙砂经过稀酸浸出后，镍、钴进入浸出液中，铁则留在渣中，从而实现了镍、钴的选择性浸出。该工艺目前还处于研究阶段，大规模工业化应用还需要解决浸出率低、加工成本高等问题。

五、盐酸常压浸出工艺

镍红土矿盐酸常压浸出比较成熟的工艺是加拿大切斯巴尔资源公司（Chesbar Resources）开发的切斯巴尔法——氯化物常压酸浸工艺。该工艺的主要特点是通过喷雾热解工艺使浸出剂——盐酸和氯化镁在流程中循环使用，从而大幅度降低了试剂消耗，废水排放量也大幅度减少，同时矿石中的镁得到综合回收。

虽然盐酸常压浸出工艺的镍的浸出率可以达到90%以上，但同时矿石中的铁也被大量浸出，给后续浸出液处理工序带来较大困难。因此，该工艺应用于实际生产，还需要解决铁被大量浸出的问题。

六、硫酸加压—常压联合工艺

不管是硫酸加压浸出工艺，还是硫酸常压浸出工艺，都面临除铁的问题。由于加压或常压浸出工艺处理低镁矿时，浸出液中有一定浓度的游离酸，从而导致浸出过程中最大危害离子——铁离子不能发生水解而被除去。因此，出现了用镁质红土镍矿进行二段常压浸出的工艺，其目的就是中和浸出液中的游离酸，有利于铁离子的沉淀去除。

七、其他冶金工艺

（一）生物冶金工艺

生物冶金处理红土镍矿工艺是利用微生物自身的氧化或还原特性，使矿物的某些组分氧化或还原，从而达到有价组分从矿物中分离的目的。生物冶金处理红土镍矿工艺具有投资少、成本低等优点；但也存在反应速度慢、生产效率低，受环境影响比较大，细菌对环境的适应性和耐热性较差，可用于红土镍矿浸出的细菌较少等缺点。

目前生物冶金处理红土镍矿的工艺仍处于实验研究阶段，一些学者采取使用特殊添加剂，通过电场、磁场、超声波等方法强化浸出过程，但浸出效果并没有得到明显改善。

（二）微波浸出工艺

由于微波能对物质具有选择性加热、对吸波物质化学反应具有催化作用、物质吸收的微波几乎能100%转化为热效应等特点，因此微波加热的热效率高、吸波物质升温速度快。

微波加热浸出镍红土矿工艺具有加热速度快、镍的浸出率高、选择性好等优点，但也存在大型微波设备研发难度大等缺陷。该工艺应用于大规模生产还需要开展大量的试验工作。

（三）氯化离析工艺

氯化离析过程（简称离析法），是指在矿石中加入一定量的碳质还原剂（煤或焦炭等）和氯化剂（氯化钠、氯化钾、氯化钙等），在中性或弱还原气氛中加热，使有价金属从矿石中氯化挥发并同时在还原剂表面还原成金属颗粒的过程，它既不是单纯的氯化挥发过程，也不是单纯的还原过程，而是两者的结合过程。其目的在于使矿石中呈难选矿物形态存在的有价金属转变为金属颗粒，然后采用常规的选矿方法进行富集，得到品位比较高的金属精矿。因此，离析法实际上是选矿工艺中的一种对矿石的预处理方法，适宜于处理一些低品位或者难选氧化矿或硅酸盐矿石。

第四章　气化冶炼

气化冶炼是利用金属单质或化合物的沸点与所含杂质的沸点不同的特点，通过加热控制温度使挥发性金属化合物的蒸气热分解或还原而由气相析出金属的方法。按反应方法可分为气相热分解法和气相还原法两种。适于用气相析出法的金属是高熔点、难挥发的，但必须是能够生成在低温易于合成，而在高温易于分解的挥发性化合物的金属。

第一节　羰化法炼镍

羰化法是提纯金属的一种全新的方法。羰化法提纯镍是基于镍能与一氧化碳生成易挥发并且也容易分解的一种化合物——四羰基合镍。用高压羰化法可以得到99.998%的高纯镍。将粗镍装入高压釜内，在10～25MPa（100～250atm）、423～493K时进行高压羰化生成的气体导入冷凝器内，得到液体羰基化物，然后再进行精馏（328～333K），沸点低的 $Ni(CO)_4$ 先蒸发，最后热分解（513～593K），得到纯镍粉，分解出来的一氧化碳再返回使用。

当今世界上镍精炼工艺中，羰基法提镍已成为传统电解精炼工艺的主要竞争者，这是因为它具有独特优势，是其他精炼工艺无法达到的。它的主要优点有：

（1）产品质量高，品种多，使用不同的分解装置，就可以生产出不同的产品，且产品结构可随市场迅速调节；

（2）产出的气、水、渣很少，且都经过处理后排放，无“三废”污染；

（3）生产工艺过程本身连续性强，全封闭作业，可全部实现高度自动化；

（4）过程需要的材料品种少，消耗低，工艺过程能耗低，因此生产成本比任何其他精炼工艺都低。

第二节 羰基镍的生产

高压合成羰基镍的原则工艺流程如图5-8所示。

所谓羰基，就是碳氧两种原子构成的一种很活泼的原子团，由几个这种原子团与金属原子在特定条件下结合而成的

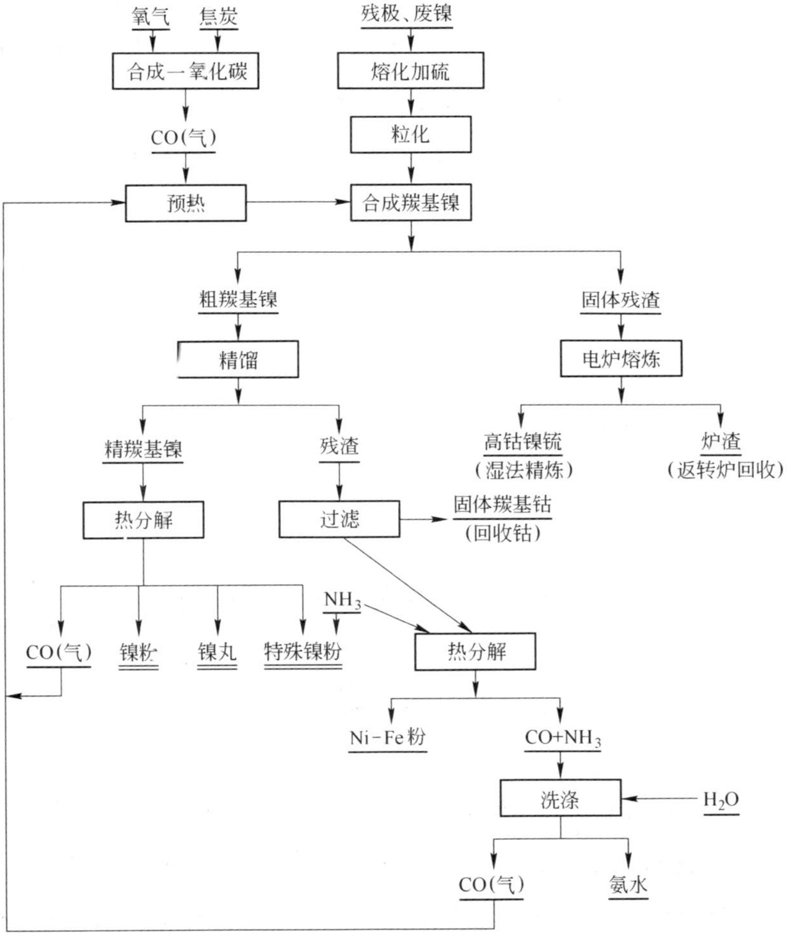

图 5-8　高压合成羰基镍的原则工艺流程

一种特殊的化合物即为金属羰基络合物。值得注意的是，在羰基络合物中，铁、钴、镍的氧化态表现为零，其金属羰基络合物不仅在氧化态方面表现特殊，它们的制备、性质也比较特殊。羰基络合物的熔点、沸点一般都比常见的相应金属化合物低，容易挥发，受热易分解为金属和一氧化碳。因此，可利用上述特性，先将金属制成羰基络合物，使其挥发，与其他杂质分离，然后进行分解得到很纯的金属。

镍在常压和高于室温（>38℃）下同 CO 作用生成 $[Ni(CO)_4]$：

$$Ni(s) + 4CO = [Ni(CO)_4](g) \qquad \Delta H = -163.6kJ$$

基于各种羰基络合物热物理性质的差异，在进行羰基合成反应时，粗镍中的杂质大部分不能进入气相，而残留于渣中，得到的粗羰基络合物又可按沸点的不同进行蒸馏分离，然后再加热分解就可以得到高纯度的金属镍。

第五章 典型冶炼装备

第一节 干燥设备

回转窑是对散装物料或浆状物料进行干燥、焙烧和煅烧的热工设备，它的主要部分是由钢板铆接或焊接的圆筒，内衬为耐火砖，炉体支撑在托轮上。为使物料移动，炉子具有2%～6%的倾斜度，并以一定的速度连续不断地旋转。

一般情况下，按逆流原理工作，原料由较高的一端加入，与热气相反，朝炉头（为燃烧端）运动。用重油、粉煤、天然气或水煤气加热，喷嘴燃烧器装于炉子头部。燃烧后气体自炉尾经各种收尘设备，再由抽风机送入电收尘室，然后排入烟囱。为加强窑内的热交换，在窑筒的尾段安装有耐热合金或耐热材料制成的耙齿（见图 5-9）或栅形金属板，有时也采用沿炉横截面垂直悬挂链条。由于窑体较重，故支撑装置为炉子结构的重要部件。炉体借固定于其表面的钢领圈支撑于数对托轮上。托轮的对数决定于窑体的质量。炉子由马达经齿轮系统传动。

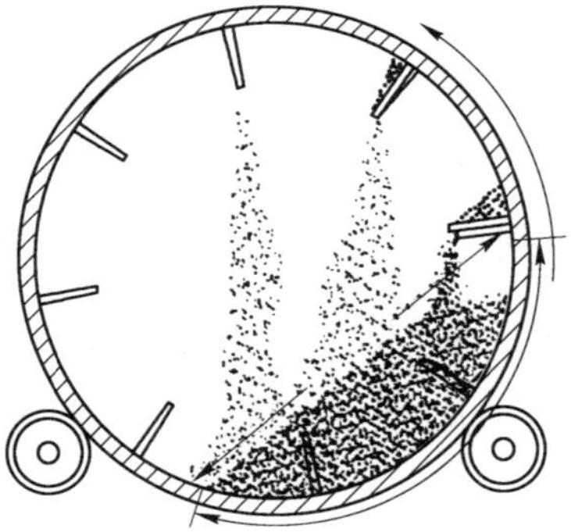

图 5-9　带有耙齿的回转窑

回转窑具有下列优点：

（1）生产能力可大可小，温度可高可低，适应范围较广；

（2）机械化程度较高，可以实现自动控制；

（3）产品质量容易控制；

（4）燃料的利用率比较高。

第二节　熔 炼 设 备

熔炼过程是指矿物或中间物料经高温熔化发生氧化还

原反应，最后分离出金属、合金、锍等中间产品的过程。用于熔炼过程的主体设备称为熔炼炉，熔炼炉多种多样，传统的熔炼炉有竖炉（鼓风炉、高炉）、反射炉、转炉、电炉、烟化炉及旋涡炉等，自20世纪40年代以来发展的熔炼炉有诺兰达炉、闪速炉、奥斯麦特炉、艾萨炉、自热炉、三菱炉等。闪速炉是近半个世纪前开发的新型熔炼炉，它因充分利用反应物料的表面能和热能强化气-固反应，反应迅速（仅需2~3s）而得名。熔池熔炼炉是向熔体鼓风而强化气-液、液-固之间多相反应的熔炼炉。熔池熔炼炉可分为侧吹、顶吹及底吹三种类型，属于侧吹的有诺兰达炉、白银炉等，而采用顶吹的是三菱法熔炼炉、奥斯麦特熔炼炉等。

一、鼓风炉

鼓风炉是将含金属组分的炉料（矿石、烧结块或团矿）在鼓入空气或富氧空气的情况下进行熔炼，以获得锍或粗金属的竖式炉。

鼓风炉具有热效率高、单位生产率（床能力）大、金属回收率高、成本低、占地面积小等特点，是火法冶金的重要熔炼设备之一。但由于能耗较高，需采用昂贵的焦炭，其适用范围已逐渐缩小。

鼓风炉由炉基、炉底、炉缸、炉身、炉顶（包括加料装置）、支架、鼓风系统、水冷或气化冷却系统、放出熔体装置和前床等部分组成。

炉基用混凝土或钢筋混凝土筑成，其上竖立钢支座或千斤顶，用于支撑炉底。炉底结构最下面是铸钢或铸铁板，板上依次为石棉板、黏土砖、镁砖。水套壁（或砌镁砖）组成炉缸（或称本床）。炉身用若干块水套并成，用锅炉钢板焊接而成，固定在专门的支架上，风管与水管也布置在支架上。

炉子加料装置一般设在炉顶；而对于放出熔体装置，熔炼冰铜炉只有一个熔体放出孔（称咽喉口）。为了加强熔融产物的澄清分离，多数鼓风炉都附设保温前床或电热前床。

二、奥斯麦特炉

奥斯麦特（Ausmelt）工艺属于浸没式喷枪顶吹工艺，20 世纪 80 年代初澳大利亚奥斯麦特公司将其应用于硫化矿的熔炼，回收铜、镍、铅、银等金属以及砷、锑、铋等次要元素的脱除，故又称奥斯麦特技术。

浸没式喷枪顶吹熔炼技术的核心是位于熔体表面下输送燃料与氧气的垂直喷枪。喷枪气流与熔体的交互作用为高传热传质速率、高反应速度提供了强有力的条件。喷枪火焰和熔池气氛可调节成还原性，用于渣中的金属还原，也可调成氧化性，用于产出氧化物熔体和废渣。

奥斯麦特炉主要由喷枪及炉体两部分构成。图 5-10 所示为金川富氧顶吹炉（JAE 炉）结构图。

奥斯麦特炉具有以下特点：

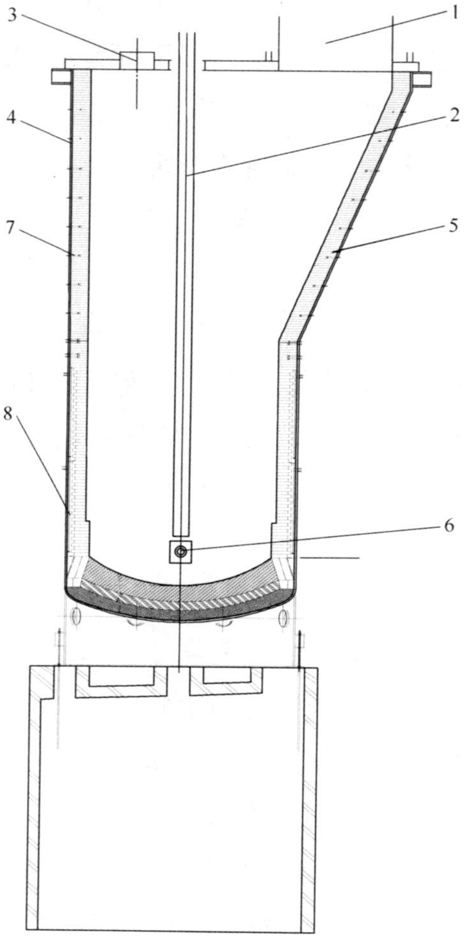

图 5-10 金川富氧顶吹炉（JAE 炉）结构图

1—上升烟道；2—喷枪；3—加料口；4—钢炉壳；5—耐火材料；6—放出口；7—平水套；8—齿形水套

（1）对原料适应性强，可处理多种物料。

（2）奥斯麦特喷枪能够使用任何一种工业燃料，

现有的各类炉子系统已经分别成功地使用了煤、天然气、液化石油气、重油和轻柴油。通过使用不同的燃料可严格控制反应系统氧化性、中性或还原性的工艺条件。

(3) 环境保护及控制方面处于世界先进水平。炉体密闭，漏风较少，减少了烟气量，提高了烟气中 SO_2 浓度，为双转双吸制酸工艺提供了条件。

(4) 对入炉料的粒度、水分等要求不严，备料过程简单。风从炉顶插入的喷枪送入熔池，熔炼强度及热利用率高，节能。

(5) 竖式圆筒形炉体占地面积小，但厂房高，在场地受限的老厂改造中，配置比较容易。

(6) 冶炼工艺的自动化水平大大提高，劳动生产率提高。

奥斯麦特炉存在的问题：

(1) 烟化炉出口烟道内壁易因溅渣引起堵塞；

(2) 浸入熔池的氧枪喷头使用寿命短；

(3) 耐火材料消耗大。

三、闪速炉

闪速炉是处理粉状硫化物的一种强化冶炼设备。它是20世纪40年代末由芬兰奥托昆普公司首先应用于工业生产的。由于其具有诸多的优点而迅速应用于铜、镍硫化矿造锍熔炼的工业生产实践中，图5-11所示为闪速炉立体图，

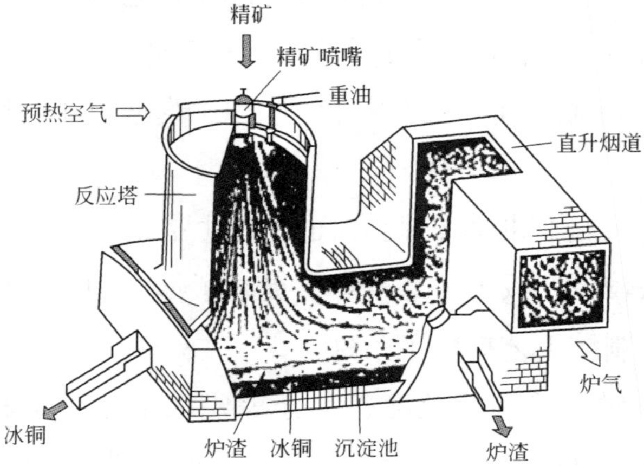

图 5-11　闪速炉立体示意图

图 5-12所示为带贫化区的闪速炉立面图。

闪速炉熔炼具有如下优点：

（1）充分利用原料中硫化物的反应热，因此热效率高，燃料消耗少；

（2）充分利用精矿的反应表面积，强化熔炼过程，生产效率高；

（3）可一步脱硫到任意程度，硫的回收率高，烟气质量好，对环境污染少；

（4）产出的冰铜品位高，可减少吹炼时间，提高转炉生产率和寿命。

但其也存在如下不足：

（1）对炉料要求高，通常要求炉料粒度在 0.074mm（200 目）以下，含水 0.3% 以下；

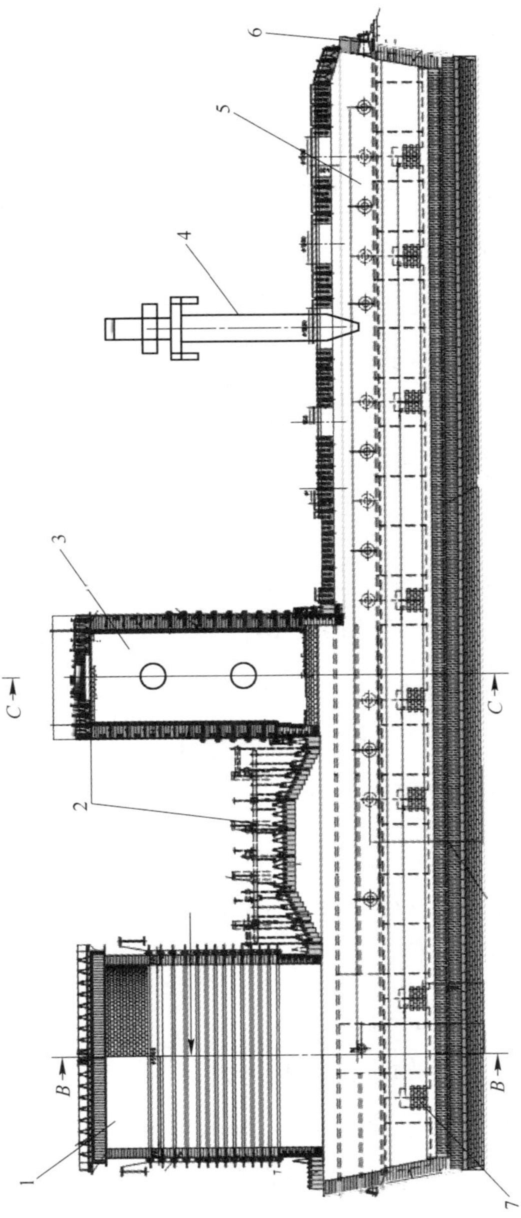

图 5-12　带贫化区的闪速炉立面图

1—反应塔；2—沉淀池；3—上升烟道；4—电极；
5—贫化区；6—渣口；7—低镍锍

（2）渣含铜较高，需另行处理；

（3）烟尘率较高。

四、电炉

电炉是利用电能转变成热能的一种热工设备。由于电炉较易满足某些较严格和较特殊的工艺要求，因此被广泛用于有色金属或合金的冶炼、熔化和热处理上，尤其是被广泛地应用于稀有金属和特种钢的冶炼和加工。按电能转变成热能的方式不同，电炉可分为：电阻炉、电弧炉、感应炉、电子束炉、等离子炉等五大类。下面主要介绍电弧炉中的矿热电炉。

矿热电炉主要用于铜、镍、铅等难熔精矿的熔炼，炉渣的保温及贫化等方面。矿热电炉炉体由炉底、炉墙及炉顶三部分组成，主要是将电极插入固体炉料或液态熔体（一般为熔渣）中，依靠电弧与电阻的双重作用，将电能转化为热能，维持工艺过程所需温度的电热设备。矿热电炉电极有石墨电极与自焙电极。石墨电极具有许多优点，但价格昂贵，仅适于锡精矿熔炼等中小型矿热电炉。直径500mm以上的电极广泛使用自焙电极。

矿热电炉熔炼的优点：

（1）熔池温度容易调节，可达到较高的温度，在处理难熔矿物时可不配或少配熔剂，渣率较低；

（2）炉膛空间温度低，炉子寿命较长；

（3）电炉熔炼不需要燃料燃烧，烟气量少，环境保护好；

（4）烟气温度低，一般不超过600～800℃，烟气带走的热损失大大减少；

（5）热效率高，可达60%～80%。

矿热电炉熔炼的缺点：

（1）供热设备投资较昂贵；

（2）耗电量大，成本较高；

（3）要求炉料含水一般低于3%，否则易产生“翻料”及爆炸，恶化劳动条件。

五、转炉

向熔融物料中喷入空气（或）氧气进行吹炼，且炉体可转动的自热熔炼炉称为转炉。转炉可分为卧式转炉及氧气顶吹转炉等。氧气顶吹转炉是一个直立的、实心底的圆筒形炉，有一支直立的水冷氧枪从顶部插入炉内。卧式转炉由基座、支承托轮、圆筒形炉体、烟罩、供风系统、石英喷枪及转动机构组成，其结构如图5-13所示。

卧式转炉是有色冶金生产中处理铜和镍硫化物的主要冶金设备。它的特点是不需要燃料，仅靠锍（金属硫化物）与鼓入的空气反应放出的热量。在镍冶炼过程中，卧式转炉用于吹炼镍锍成高冰镍，具有处理量大、反应速度快、氧利用率高、可自热熔炼并可处理大量冷料等特点，是镍吹炼过程中的关键设备。但卧式转炉为周期性作业，也有烟气量波动大、SO_2浓度低、劳动条件差及耐火材料

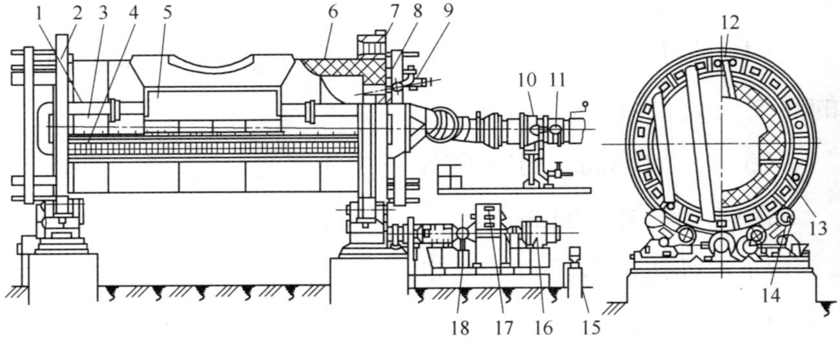

图 5-13　ϕ3. 96m×9. 14m 卧式转炉结构图

1—转炉炉壳；2—轮箍；3—U 形配风管；4—集风管；5—挡板；
6—衬砖；7—冠状齿轮；8—活动盖；9—石英喷枪；10—填料盆；
11—闸；12—炉口；13—风嘴；14—托轮；15—油槽；
16—电动机；17—变速箱；18—电磁制动器

单耗大等缺点。

参考文献

[1] 任鸿九，王立川．有色金属提取手册(铜镍卷)[M]．北京：冶金工业出版社，2000.

[2] 北京有色冶金设计研究总院，等．重有色金属冶炼设计手册(铜镍卷)[M]．北京：冶金工业出版社，1996.

[3] 何焕华，等．中国镍钴冶金[M]．北京：冶金工业出版社，2000.

[4] 李洪桂，等．湿法冶金学[M]．长沙：中南大学出版社，2002.

[5] 世界铜镍转炉生产实践调查[J]．有色冶炼，1997(5)：1～42.

[6] 金川有色金属公司技术中心．世界镍钴生产厂家及公司概况[R]. 1999.

[7] 奥托昆普镍直接闪速熔炼工艺[J]．有色冶炼，1998(9)：44～46.

[8] 张敬国，等．奥斯麦特吹炼工艺实践及作业方式的探讨[J]．世界有色金

属，2002(6)：43～45.

[9] 冶炼厂富氧顶吹车间顶吹炉熔炼系统培训教材.2007(内部资料).

[10] 王多冬，李坚. 镍业发展动态及存在的问题[J]. 金属材料与冶金工程，2009，37(1)：13～16.

[11] 金川镍钴研究设计院编委会. 红土矿冶金文集.2011(内部资料).

[12] 张鹏. 红土镍矿提取技术现状及发展前景[J]. 金川科技，2012.

[13] 李志茂，朱形. 镍资源的利用及镍铁产业的发展[J]. 中国有色冶金，2009(2)：29～32.

[14] 翟秀静，符岩，衣淑立. 镍红土矿的开发与研究进展[J]. 世界有色金属，2008(6)：36～38.

[15] 兰兴华. 镍的高压湿法冶金[J]. 世界有色金属，2002(1)：25，26.

[16] 徐小锋. 红土镍矿预富集—还原熔炼制取低镍铁合金研究[D]. 长沙：中南大学，2007.

[17] 李建华，程威，肖志海. 红土镍矿处理工艺综述[J]. 湿法冶金，2004(23)：191～194.

[18] 李志茂，朱彤，吴家正. 镍资源的利用及镍铁产业的发展[J]. 中国有色冶金，2009(1)：29～32.

[19] 陈庆根. 氧化镍矿资源开发与利用现状[J]. 湿法冶金，2008(27)：7～9.

[20] 金铭良. 中国镍矿资源及其综合利用[J]. 中国矿业，1990(2)：12～17.

第六篇

技术进步与创新

第一章　新材料应用

第一节　镍钛形状记忆合金

1963 年，美国海军军械研究所的比勒在研究工作中发现，在高于室温较多的某温度范围内，把一种镍-钛合金丝烧成弹簧，然后在冷水中把它拉直或铸成正方形、三角形等形状，再放在 40℃ 以上的热水中，该合金丝就恢复成原来的弹簧形状。后来陆续发现，某些其他合金也有类似的功能。这一类合金被称为形状记忆合金。每种以一定元素按一定质量比组成的形状记忆合金都有一个转变温度，在这一温度以上将该合金加工成一定的形状，然后将其冷却到转变温度以下，人为地改变其形状后再加热到转变温度以上，该合金便会自动恢复到原先在转变温度以上加工成的形状。

形状记忆合金不但具有形状记忆效应，而且具有超弹性行为，尽管超弹性比形状记忆效应晚十几年才得到认识，但在目前记忆合金的医学及工程应用中，90% 左右是利用其超弹性性能实现功能的。

超弹性行为材料以钛镍合金为主。钛-镍记忆合金以其较高的抗拉强度和伸长率、良好的应变恢复特性、极大的超弹性完全可恢复应变量、优良的生物相容性、低生物蜕变性、耐腐蚀性和抗疲劳性，成为记忆合金产业的首选材料。

钛-镍合金是最具工业实用价值的形状记忆材料，具有良好的形状记忆效应和超弹性行为，较高的力学性能，优良的耐磨耐腐蚀性能和良好的阻尼特性，同时还具有较好的生物相容性。镍钛合金的应用领域极其广泛，包括电子、机械、宇航、运输、建筑、化学、医疗、能源、家电以及日常生活用品等，几乎涉及产业界的所有领域，应用潜力巨大。

典型的应用是利用合金超弹性性能制成的眼镜架、形状记忆温控弹簧等。与传统的眼镜架相比，超弹性镍钛合金眼镜架具有夹持力小、质量轻等优点，并且由于镍钛合金具有极好超弹性，镜架两腿可做大幅度弯曲而不会发生塑性变形，也不易折断，从而使镜架具有极好的保形性。此外，钛-镍合金还具有优异的耐腐蚀性及生物相容性，镜架不会对人体产生刺激和引起不适。图 6-1 中眼镜架即采用钛-镍记忆合金材料。

第二节 非晶合金

根据物质的原子排列方式，可以划分为晶体和非晶体两类。有些物质里面的原子排列是整齐有序的，就像阅兵式上

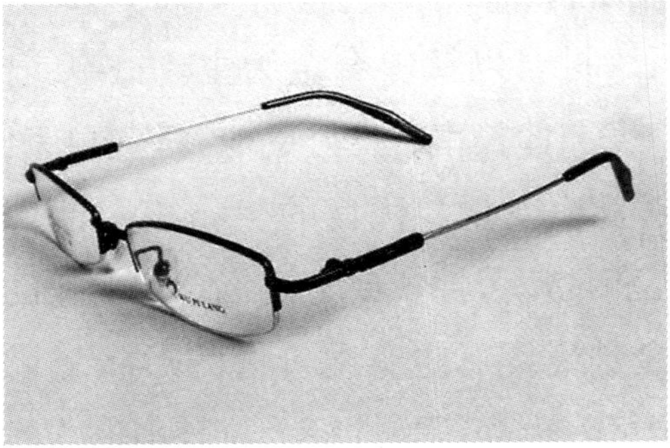

图 6-1 钛-镍记忆合金眼镜架

的士兵，这就是晶体，比如食盐、钻石、普通的金属就是这样。也有些物质的原子排列是混乱的，就像一堆钢球的混乱堆积，这就是非晶体，比如液体、气体、玻璃、塑料等。对于金属材料来说，通常情况下，金属及合金在从液体凝固成固体（例如炼钢后的钢水凝固成钢锭）时，原子总是从液体的混乱排列转变成整齐排列，即成为晶体。但是如果金属或合金的凝固速度非常快（例如用每秒高达一百万摄氏度的冷却速率将铁-硼合金熔体凝固），原子来不及整齐排列便被冻结住了，最终的原子排列方式类似于液体，是混乱的，成为非晶合金。非晶合金原子的混乱排列情况类似于玻璃，所以又称为金属玻璃。

金属玻璃具有超过晶体金属的硬度，同时还具有一定的韧性，由于超急冷凝固，合金凝固时原子来不及有序排列结晶，得到的固态合金是长程无序结构，没有晶态合金的晶粒、晶界存在。这种非晶合金具有许多独特的性能，如优异的磁性、耐蚀性、耐磨性，高的强度、硬度和韧性，高的电阻率和机电耦合性能等。由于它的性能优异、工艺简单，从 20 世纪 80 年代开始成为国内外材料科学界的研究开发重点。

从理论上说，金属液体只要冷却足够快，原子来不及整齐排列就凝固，那么原子在液态时的混乱排列被迅速冻结，就可以形成非晶。但是，不同的物质形成非晶所需要的冷却速度大不相同。单一纯金属则需要每秒高达一亿摄氏度以上的冷却速度才能形成非晶态。受工艺水平的限制，实际生产中难以达到如此高的冷却速度，也就是说，普通的单一的金属难以从生产上制成非晶，必须通过合金化成分设计以降低其非晶化转变的冷却速度，同时大都制备成薄的带材，以获得大的冷却速率。

非晶带材的一个非常具有前景的应用领域是非晶变压器。非晶合金铁芯变压器是用新型导磁材料——非晶合金制作铁芯而成的变压器。它比硅钢片作铁芯变压器的空载损耗（指变压器次级开路时，在初级测得的功率损耗）下降 80% 左右，空载电流（变压器次级开路时，初级仍有一定的电流，这部分电流称为空载电流）下降约 85%，是目前节能效果较理想的配电变压器，特别适用于农村电网和发展中地区等配变利用率较低的地方。图 6-2 所示为非晶变压器铁芯。

镍基非晶合金由于具有较高的热稳定性、良好的力学性能和优异的抗腐蚀性能引起了人们的广泛兴趣，主要有 Ni-Nb-Cr-Mo-P-B，Ni-Co-Fe-Cr-Mo-Nb-P-B 等系列镍基非晶。

图 6-2　非晶变压器铁芯

第二章　产业链延伸与产品深加工

中国金川集团是采、选、冶、化配套的大型有色冶金、化工联合企业，生产镍、铜、钴、稀有贵金属和硫酸、烧碱、液氯、盐酸、亚硫酸钠等化工产品以及有色金属深加工产品，镍和铂族金属产量占全国的 90% 以上，是中国最大的镍钴生产基地，被誉为中国的“镍都”。目前该公司主营电解镍，镍系列深加工产品有羰基镍粉、氧化亚镍、硫酸镍、氯化镍、电解镍粉、雾化镍粉。镍合金系列产品有镍铬合金、镍铁合金、纯镍合金丝、板带等。该公司有 5000 吨镍及镍合金线材和 5000 吨镍及镍合金板带材两条生产线。

吉林吉恩镍业股份有限公司也是集采矿、选矿、冶炼、化工于一体的大型有色金属企业，主要从事硫酸镍、高冰镍、电解镍、氢氧化镍、氯化镍、硫酸铜、铜精矿、硫酸、羰基镍、羰基铁等产品的生产和销售。

参 考 文 献

[1] 秦国玉．金川集团公司发展矿业循环经济的实践和探索[J]．有色冶金节能，2010，1：24 ~ 27.

[2] 刘广龙．有色金属循环经济推进建议[J]．金昌发展研究，2012(1)：35 ~ 40.

[3] 张守卫，等．镍资源、生产及消费状况[J]．世界有色金属，2003(11)：9 ~ 14.

[4] 王恭敏．镍资源要走可持续发展的道路[J]．有色金属再生与利用，2005(2)：12.

[5] 王保仕，陈立桂．废有色金属回收利用[M]．北京：中国物资出版社，1992：231 ~ 259.

[6] 郭宪吉，鲍改玲，等．从失活的油脂加氢催化剂中回收镍[J]．工业催化，2003，11(4)：40 ~ 43.

[7] 王敏．从废镍催化剂中回收镍并生产硫酸镍[J]．湿法冶金，2007，26(1)：47，48.

第七篇

中国镍产品生产、消费及进出口贸易

第一章 镍的产能及产量

中国镍矿生产主要集中在甘肃、吉林和新疆，2010 年全国镍精矿产量为 9.07 万吨（金属量），其中甘肃、吉林和新疆占比达到 93%。中国国内镍矿供应仍具备一定的增长潜力，主要集中在甘肃和新疆。中国企业在国外投资的镍矿大多以初级原料产品的形式运回国内。国内生产镍矿和国外投资镍矿可以保证中国镍产量增长的原料供应，但是和中国日益增长的镍消费量相比，自产镍资源的短缺是非常明显的。

2005 年以前，随着金川集团镍产量的不断提高，中国镍行业产业规模不断扩大，但是产品结构比较单一，主打产品依然是电解镍，及金川和吉镍的硫酸镍，参与经营的企业也以国有大中型企业为主。但是从 2005 年下半年开始，中国镍行业出现的一个重大的变化就是众多民营企业参与到镍生产中来，使国内镍产品结构发生变化。2005 年以来镍价一直居高不下，巨大的利润空间促使国内一些民营企业开始生产含镍生铁，主要用于满足国内不锈钢生产的需要。2010年，我国原生镍产量约为32.8万吨，其中约16万吨的镍来自于含镍生铁，且这些生产企业多是中小民营企业。因此中国镍企业的分布也从以往甘肃、吉林和新疆的三省区扩展到了山东、海南、山西、江苏、河南等省区。

在利用红土镍矿火法冶炼镍铁的同时，中国也有部分企业积极尝试利用湿法冶炼技术开发红土镍矿，目前有广西银亿科技矿冶公司（常压浸出）、四川尼科国润新材料公司（半加压浸出）和云锡元江镍业公司（堆浸）均采用湿法冶炼技术从事镍的生产，对增加中国镍产量的供应，缓解全球镍资源的紧张程度起到了积极作用。

正是受含镍生铁兴起的影响，中国原生镍产量自2006年以来显著增长，从14万吨增加到2010年的32.6万吨，其中含镍生铁从2.7万吨增加至16万吨。

第二章 镍市场消费现状

根据北京安泰科信息开发有限公司统计，中国镍消费量从2005年的19.0万吨增加到2010年的54.5万吨，年均递增23.5%，占世界总消费量的比例从2005年的15.4%增长到2010年的38.6%。

2004年以前中国镍消费量以电镀为主，2004年以后镍消费结构逐渐表现出了与全球镍消费结构趋同的趋势，不锈钢行业镍消费份额逐渐接近国际水平。2004 年不锈钢工业镍消费量占中国镍消费总量的 44.0%，随着国内不锈钢产量的增加，到 2010 年时已达到 76.3%。

电镀领域的镍消费量仅次于不锈钢工业，居第二位。但随着不锈钢所占镍消费份额的增加，电镀领域镍的消费份额逐渐下降，从 2005 年的约 27.0% 降至 2010 年的约 12.3%。

合金钢及机械制造业的镍消费量居第三位，虽然该领域的镍消费份额也在逐渐下降，但绝对消费量仍呈上升态势。

电池领域的镍消费也比较稳定，在 2005 ~ 2010 年间消费份额从 10.2% 降至 3.7%。主要原因是镍价的上涨促使电池行业加快科技创新，使镍的用量并未随着电池产量的增加而同步增长。另外如前所述，受到欧盟环保条例的限制和锂离子电池的挑战，以及钴和稀土价格的上涨，镍系电池的竞争力下降，产量增速放缓。

第三章 进出口贸易

中国是镍资源极其短缺的国家，镍对外依存度高达 82%。为了满足国内不锈钢工业发展对镍的强劲需求，中国每年需从国外进口大量镍资源。中国进口的镍资源主要有三种形式：原矿、中间产品和精炼镍。

第一节 镍矿进口

据海关统计数据显示，2005 年中国镍矿进口量仅为 48

万吨，而5年之后的2010年达到了2500万吨，增长近52倍。中国含镍生铁工业的快速发展是拉动镍矿进口急剧上升的主要因素。中国进口镍矿主要分为红土镍矿和硫化镍精矿，红土镍矿主要来自印度尼西亚和菲律宾。2010年从这两个国家进口的镍矿量分别为1220万吨和1234万吨。红土镍矿占镍矿进口量比例达到了98%，剩下的2%主要是金川集团从澳大利亚、赞比亚、西班牙等国进口的硫化镍精矿。

第二节　镍中间产品进口

中国进口的镍中间产品主要包括烧结氧化镍、镍锍、湿法冶炼中间产品和镍铁。“十一五”期间，随着中国镍产量的扩大和不锈钢行业用镍需求的增长，中国进口的镍中间产品量也快速增长。中国烧结氧化镍进口主要来自古巴和加拿大，2010年进口量为1.7万吨，大部分供给太钢集团。2010年中国镍锍进口量为6.2万吨，几乎全部来自澳大利亚，主要供给金川集团。镍湿法冶炼中间产品主要是镍钴氢氧化物，2010年进口量为3.4万吨。中国不锈钢产量的大幅增加也拉动了国内镍铁的进口，进口镍铁的含镍量约在20%～35%之间，是不锈钢生产必不可少的一种原料，2010年中国镍铁进口量为13.4万吨，主要来自哥伦比亚、日本和马其顿等国。

第三节　电解镍进口

目前做电镍进口量比较大的贸易公司有瑞士嘉能可、荷兰托克和中国宁波神化。此外，中国的浙江、江苏、上海等地还有上百家公司在做精炼镍进口方面的贸易。2010 年中国电镍进口量近 18 万吨，进口金额约 40 亿美元，主要来自俄罗斯、加拿大和澳大利亚等国。其中有一部分进口电镍被放在了保税区仓库待机而动，如果国外需求较好的话，将会被再次出口至海外，而一旦国内需求旺盛，就将立即投放国内市场。

第八篇

资本运营与产业发展

中国镍企业上市公司目前仅有吉林吉恩镍业和新疆新鑫矿业两家。2003 年 9 月，吉恩镍业在沪市 A 股上市，实现了吉恩镍业由普通股份公司到上市公司的跨越，开辟了全新的“镍”概念，被誉为中国上市公司镍业“第一股”。吉恩镍业目前总股本为 8.11 亿元，每股净资产为 4.41 元，净资产收益率为 0.03%。2011 年前 3 季实现主营业务收入 17.5 亿元，实现净利润 105.09 万元，截止到 2011 年底总市值为 98.71 亿元。

新鑫矿业股份有限公司注册资本 3 亿元，以铜镍及其他有色金属采矿、选矿、冶炼、加工、销售为主营业务。新疆新鑫矿业股份有限公司由新疆有色金属工业（集团）有限责任公司控股，上海怡联矿能实业有限公司、中金投资（集团）有限公司、厦门紫金科技股份有限公司、新疆信盈新型材料有限公司、陕西鸿浩实业有限公司等六家股东出资设立，出资比例分别为 60%、20%、14%、4%、1.6%、0.4%。2007 年 10 月 12 日新疆新鑫矿业在香港联交所主板成功上市（股票编号为 3833），共募集资金 46.3 亿元港币，募集资金的全部投向均为发展新疆的有色金属工业。截至

2011 年底的总股本为 22 亿股，总市值为 15.78 亿元。

目前国内其他镍业公司，例如金川集团、陕西华泽镍钴材料有限公司也正在积极筹划在国内 A 股市场上市。2003 年 9 月，国内最大的泡沫镍生产商湖南科力远新能源股份有限公司也在国内 A 股市场上市，2008 年 7 月 18 日正式更名为湖南科力远新能源股份有限公司。该公司主导产品连续化带状泡沫镍是国家级重点新产品，被列入国家“863”重大攻关项目，产品的各项性能指标全面达到国际先进水平。

镍的定价体系主要是参照伦敦金属交易所（LME）的交易行情。LME 在 1979 年引入镍的交易，完成了其对主要有色金属交易的覆盖。LME 在世界范围内为主要的镍生产企业和消费企业提供套期保值的场所，并且逐步发挥其价格发现的功能。具体情况见表 8-1 ~ 表 8-3。

表 8-1 LME 镍期货合约说明

合约	原生镍镍含量至少为 99.8%，化学成分与 ASTM B39—79 规定的一致
每手数量	6 吨（误差 ±2%）
形式	1. 整板镍；2. 切割镍；3. 镍球；4. 镍饼
质量	1. 成捆质量不应大于 1.6 吨； 2. 用结实的钢条捆绑，每捆质量误差 ±2% 150kg≤误差≤500kg
交货日期	1. 三个月期货每天交货； 2. 每周三的三月期货价格是未来三个月交割的价格； 3. 每月第三周周三的价格是未来 21 ~ 27 个月的交割价格
价格	美元/吨
最小价格变化单位	5 美元/吨
结算货币	美元、日元、英镑和欧元

表 8-2 在 LME 注册的镍生产企业

国 家	品 牌	生产商	交货形式
澳大利亚	MINARA HIGH GRADE NICKEL BRIQUETTES	Minara Resources Limited	Briquettes（镍饼）
	WMC NICKEL BRIQUETTES	WMC Resources Ltd.	Briquettes（镍饼）
巴西	TOCANTINS	Companhia Niquel Tocantins	Cut cathodes（切割阴极镍）
			Full plate cathodes（整板阴极镍）
加拿大	INCO ELECTROLYTIC NICKEL	Inco Ltd.	Cut cathodes（切割阴极镍）
	INCO NICKEL PELLETS	Inco Ltd.	Pellets（镍球）
	SHERRITT NICKEL BRIQUETTE	The Cobalt Refinery Company Inc.	Briquettes（镍饼）
中国	JINTUO GRADE 1	Jinchuan Group Limited	Cut cathodes（切割阴极镍）
			Full plate cathodes（整板阴极镍）
芬兰	OMG ELECTROLYTIC NICKEL	OMG Harjavalta Nickel OY	Cut cathodes（切割阴极镍）
			Full plate cathodes（整板阴极镍）
	OMG NICKEL BRIQUETTES	OMG Harjavalta Nickel OY	Briquettes（镍饼）

续表 8-2

国家	品牌	生产商	交货形式
法国	NICKEL HP	Eramet S. A.	Cut cathodes (切割阴极镍)
			Full plate cathodes (整板阴极镍)
日本	SHIMURA KAKO CO. LTD	Shimura Kako Co. Ltd.	Cut cathodes (切割阴极镍)
	SUMITOMO METAL MINING CO. LTD	Sumitomo Metal Mining Co. Ltd.	Cut cathodes (切割阴极镍)
挪威	FALCONBRIDGE ELECTROLYTIC NICKEL	Falconbridge Ltd. (Kristiansand)	Cut cathodes (切割阴极镍)
			Full plate cathodes (整板阴极镍)
俄罗斯	NORILSK COMBINE H-1	Norilsk Mining Company	Cut cathodes (切割阴极镍)
			Full plate cathodes (整板阴极镍)
	NORILSK COMBINE H-1Y	Norilsk Mining Company	Cut cathodes (切割阴极镍)
			Full plate cathodes (整板阴极镍)
	SEVERONICKEL COMBINE H-1	Kolskaya Mining Company	Cut cathodes (切割阴极镍)
			Full plate cathodes (整板阴极镍)
	SEVERONICKEL COMBINE H-1Y	Kolskaya Mining Company	Cut cathodes (切割阴极镍)
			Full plate cathodes (整板阴极镍)

续表 8-2

国　家	品　牌	生产商	交货形式
南非	IMPALA NICKEL	Impala Platinum Ltd.	Briquettes（镍饼）
	RUSTENBURG NICKEL	Rustenburg Platinum Mines Ltd.	Cut cathodes（切割阴极镍）
	RUSTENBURG HIGH GRADE	Rustenburg Platinum Mines Ltd.	Full plate cathodes（整板阴极镍）
	RUSTENBURG MELTING GRADE	Rustenburg Platinum Mines Ltd.	Full plate cathodes（整板阴极镍）
	RUSTENBURG STANDARD GRADE	Rustenburg Platinum Mines Ltd.	Full plate cathodes（整板阴极镍）
英国	INCO NICKEL PELLETS	Inco Ltd.	Pellets（镍球）
津巴布韦	TROJAN NICKEL	Bindura Primary Nickel Corp. Ltd.	Cut cathodes（切割阴极镍）
	BCL EMPRESS	Rio Tinto Zimbabwe Ltd.	Cut cathodes（切割阴极镍）
			Full plate cathodes（整板阴极镍）

注：资料来源于 LME。

表 8-3　LME 交易时间

第　一　节		第　二　节	
第一轮场内	12:15 ~ 12:20	第一轮场内	15:45 ~ 15:50
第二轮场内（官方报价）	13:00 ~ 13:05	第二轮场内	16:25 ~ 16:30
场外交易	13:15 ~ 15:10	场外交易	16:35 ~ 16:55

注：1. 场外交易：每个品种每天早晨第二圈交易结束时宣布官方报价后，开始场外报价。

2. 资料来源于 LME。

国际上多数企业销售镍产品按照上月 LME 现货官方报价结算价 + 溢价的方式买卖。溢价是根据不同的客户、不同的地区而定，主要包括运杂费、关税等因素，个案处理。但是也有一些企业，如淡水河谷公司，由于其镍产品品质较好，其出厂价常常较 LME 镍价有少量溢价，在此基础上再计算地区和关税等因素的溢价。

随着近几年国内镍产量和消费量的快速增长，中国从国际市场进口的镍与日俱增，仅依靠 LME 的期货交易已不能满足国内的需求，国内企业需要一个境内的保值机构来对冲交易风险，因而催生了较多的民营大宗商品交易所，这其中就有很多从事镍远期合约的交易所。2006 年位于无锡的不锈钢交易所应运而生，这是中国第一家从事镍期货交易的民营交易所。经过近 5 年的发展，该交易所发挥了重要的保值避险功能，为交易商提供了良好的规避风险平台。

无锡不锈钢交易所电解镍电子交易商品交易时间如下：上午 9：00 ~ 9：29 为开盘申报时间；9：29 ~ 9：30 为开盘撮合时间；9：30 ~ 11：30 为正式交易时间。下午 13：30 ~ 15：00 为正式交易时间，11：30 ~ 13：30 期间暂停交易。交易（订货）保证金比例为 20%，涨跌限幅为 5%。交易的电解镍电子交易合同的标准品为“LME 注册原镍，符合 ASTM B39—79（2004）标准的规定，其镍含量不低于 99.8%”。交易的主要品种见表 8-4。

目前该交易所镍合约总成交量突破 4.77 万吨，成为中

表 8-4　无锡不锈钢交易所交易的主要品种

国家	生产厂家	等级	规格	单包质量/吨	升贴水/元·千克$^{-1}$
中国	金川集团	金驼 Ni9996	板状,厚度 3～14mm	1.3～1.7	2
	金川集团	金驼 Ni9999	板状,厚度 3～14mm	1.3～1.7	2
俄罗斯	JSC "MMC "Norilsk Nickel"	NORILSK COMBINE H-1	板状,厚度 2～10mm	1.4～1.6	0
	JSC "MMC "Norilsk Nickel"	NORILSK COMBINE H-1Y	板状,厚度 2～10mm	1.4～1.6	0
	JSC "Kolskaya Mining Company"	SEVERONICKEL COMBINE H-1	板状,厚度 2～10mm	1.4～1.6	0
	JSC "Kolskaya Mining Company"	SEVERONICKEL COMBINE H-1Y	板状,厚度 2～10mm	1.4～1.6	0

国第一大镍远期合约交易所，其成交价格对 LME 镍价格具有一定的影响。此外，还有位于天津的渤海商品交易所、位于浙江的温州不锈钢交易所及舟山浙商大宗商品交易所等目前都在开展镍远期合约交易业务。

第九篇

安全生产与环境保护

第一章　安全生产

随着经济的快速发展，各行各业生产经营活动日益活跃，在生产过程中所面临的安全压力也越来越大。党和政府近年来高度重视安全生产，不断加大安全投入和实行科学规范管理，从上到下，各级政府和企业都在贯彻落实各级安全责任，开展各项安全工作，使人、机、环境三者和谐运作，使危及劳动者生命或身体健康的各种风险事故和伤害因素处于有效控制状态，以保证从业人员的人身安全，保证生产经营活动得以顺利进行。

现代安全生产是指在生产和服务过程中保障人身和设备安全，它是安全与生产的统一，其宗旨是安全促进生产，生产必须安全。搞好安全生产，改善劳动条件，可以调动职工的生产积极性；减少职工伤亡，可以减少劳动力的损失；减少财产损失，可以增加企业效益，促进生产发展；而生产必须安全，则是因为安全是生产的前提条件，没有安全就无法生产。

第一节　中国安全生产管理的发展

安全生产管理是伴随着社会生产而产生和发展的。从其发展过程看，文明程度越高，越受到重视，并极大地促进社会进步和发展。新中国成立以来，安全生产管理经历了与发达国家相类似的过程，但也有特殊性。在新中国成立以后相当一个时期里，把安全生产当成生产的一部分，强调“安全为了生产，生产必须安全”。在向社会主义市场经济转变后，安全生产被当做整顿规范市场经济秩序的一部分。党的十六大以来，尤其是十六届三中、四中全会提出科学发展和构建社会主义和谐社会后，安全生产被视为关系“群众切身利益的问题”，事关实现好、维护好、发展好最广大人民的根本利益。早在1987年全国劳动安全监察会议上就提出了我国安全生产基本方针为“安全第一，预防为主”，它是国家对安全生产工作所提出的总要求和总原则。2002年11月1日起开始实施的《安全生产法》中，又对这个方针进一步予以明确，突出了今后在生产经营活动中必须把安全放在第一位。安全生产必须强调预防为主，尤其近年来相继公布实施了《危险化学品安全管理条例》、《工伤管理办法》等一系列安全生产法律法规和标准规范，对安全生产管理工作起到了积极指导和规范约束作用。

新中国成立以来，安全生产管理可分为五个阶段：

（1）1949～1957年，安全生产初创与“一五”发展期。

（2）1958～1965年，“大跃进”第一次事故高峰期与调整之后的第一个好转期，这次事故高峰是人为地破坏在计划经济条件下的经济规律而造成的。

（3）1966～1979年，“文化大革命”第二次事故高峰期。这次事故高峰是由于“文化大革命”破坏了经济工作（包括当时的安全生产管理构架）的正常运行，许多工作不按经济规律办事，“文化大革命”结束不久，又急于求成，致使安全生产管理架构未及时到位所造成的。

（4）1980～1992年，拨乱反正和恢复发展第二个平稳期。

（5）1993年至今。随着改革开放步伐加快，全国上下经济建设规模日益壮大，尤其中小企业和个体私营企业迅猛发展，很多农民工和产业工人参与到各行各业的生产经营活动中，面临着不同的安全风险与变革，安全事故曾一度高发频发，出现了第三次事故高峰期；但是随着党和中央政府对安全生产的高度重视与成立安全生产监督管理局，加强对各级政府与企业的监管，自2003年开始，全国事故死亡人数和工矿企业事故死亡人数开始下降，这一“拐点”的出现意义重大，标志着安全生产管理又进入了一个新时期，正朝着科学发展、安全发展的方向迈进，这将为建设社会主义市场经济奠定坚实的基础和保障。

第二节 安全生产管理

安全生产管理始终坚持“安全第一，预防为主”的基本方针，通过引进隐患治理、风险预控、系统本质化建设、安全文化等先进安全管理模式，应用立法建制、监督管理、监察执法、培训教育、应急演练、考核等手段，对生产过程中的人、机、环三要素进行管控，努力消除人的不安全行为与物的不安全状态，从而实现安全生产。

近年来，各国政府和企业相互交流日益频繁，其中就包括了安全管理方面的做法与经验，都在探索与应用各类安全生产管理模式。国内一些企业也开始借鉴和学习国际上较为先进的欧美、日韩企业的安全管理模式，不断吸收与融入到本企业安全管理当中，有机结合了传统安全管理的经验和做法，应用于生产实践，如大型煤矿、金属和非金属矿山、化工企业先后引进了“手指口述”本质安全操作确认法、南非 NOSA 安全五星综合管理系统、杜邦安全管理理念、零伤害目标管理、零缺陷管控等方法模式，同时按照国家有关安全发展方向要求积极开展了安全生产标准化创建、企业安全文化建设、人、机、环科学匹配化建设、系统本质化安全、风险辨识预控等工作，通过多年的不断探索与持续改进，国内一些企业已取得了较好的安全效果，安全生产形势趋于好转，逐渐被人们接受和形成共识。

第三节 镍冶金安全生产

镍冶金安全生产认真贯彻“安全第一，预防为主”的基本方针，紧紧围绕安全生产责任制为核心建立健全安全生产规章制度体系，健全各级安全管理机构和人员，明确职责，严格按照国家法律法规、标准规范执行，加强镍冶金生产过程安全监管，防微杜渐，同时加大安全生产投入，积极引进先进安全管理方法和安全技术措施，努力消除人的不安全因素和物的不安全状态，使镍企业安全生产稳定运行，更好地保障人员和设备安全，实现安全生产。

一、建章立制

无规矩不成方圆。安全管理规章制度是安全生产管理的重要依据和基础，是保障安全生产的重要举措。镍冶金企业以安全生产责任制为核心，建立健全安全监督检查管理制度、安全责任区管理办法、职能部门专业化安全管理办法、安全教育培训管理制度、安全绩效考核办法、危险作业许可审批管理办法、危险化学品安全管理制度、现场安全文明生产管理制度等安全管理制度体系，制订生产安全灾难事故应急预案、各类有毒气体泄漏防中毒事故应急预案等应急预案体系，修订完善设备操作规程、技术操作规程、安全操作规程以及一些试生产或非正常作业指导书等。在安全管理规章制度体系建设过程中，应按照制度的科学性、先进性、配套性、语言性、可操作性、量化性、实用性、简单性等编制原则进行编制与修订，逐渐改变传统的人管人、管事方式，过渡到人和制度并管模式，最后形成制度规范、照章办事、高度自觉的文化管理新局面，发挥出制度的最大效应。

二、设立安全管理机构及人员

镍冶金生产过程中会面临各种危险有害因素，根据国家有关规定和企业自身需要，为进一步加强镍冶金过程安全管理和预防各类生产安全事故，需选用和培训具有一定专业知识和技能的人员从事安全管理，成立企业安全管理机构，代表企业贯彻落实各项安全生产方针政策，对各级人员安全职责履行情况进行监督，对现场安全管理情况进行监督检查，及时发现与整治安全隐患，确保各项安全工作顺利开展。

三、现场安全管理

现场管理的好坏直接体现了一个企业综合安全管理水平的高低，是整个安全管理过程的核心和落脚点。镍冶金企业现场管理应以现场人、机、环三要素为管理对象，按照有色重金属安全技术标准规范、安全标准化评定标准等文件要求，大力实施安全标准化创建工作，逐步使管理达标、操作达标、现场达标，不断提升现场安全管理水平。

四、安全培训教育

安全培训教育是安全管理过程中对“人”这一要素管控水平提升的主要方法，它一直为国家政府和企业所重视。不同时代有着不同的安全培训教育方式及内容，目前更加突出体现了“以人为本”的安全管理理念。镍冶金企业同样如此。每年要组织涉及火法冶炼、湿法冶炼、氧气、氮气、氯气等危化品、天车、起重机、电气作业、检修维护等从业资格上岗准入培训与考试，定期组织对安全管理规章制度、应急处置与自救知识及技能等方面知识的学习。使各级员工安全知识与素质得到提高，使之与所从事的工作岗位相匹配，跟上企业安全发展步伐。

五、安全投入

随着党和国家对安全生产的高度重视，建立健全了一系列安全生产法律法规，明确了企业应按国家规定比例提取一定的安全生产费用，用于保障生产过程的安全和员工健康。随着国家和行业标准规范的完善和提高，镍冶金生产过程中加强了安全投入改造，如从生产系统源头选择较为先进、安全、可靠的生产设备和工艺，结合企业生产现场特点，使用负压吸尘装置代替人工清扫；改善通风作业环境，提高自动化控制水平，减轻员工手工劳动强度等。

六、营造安全氛围

如何促进安全生产，各企业一直在探索与实践，除了传统安全管理手段和方法外，国内镍冶金行业领头羊——金川集团股份有限公司非常重视营造安全氛围，认为安全氛围的潜作用对安全帮助很大。目前，该公司已通过安全理念文化、安全制度文化、安全物质文化、安全行为文化四个层次，从细节着手，让企业员工逐步养成良好的安全行为习惯，使安全真正成为企业和员工的一种文化氛围。

第二章　环境保护

镍冶炼生产的有价金属在原料中含量很低，由于受现有技术水平的制约，在提取过程中会产生大量的废水、废气。随着中国环境保护事业的快速发展，镍冶金的污染问题备受关注。

第一节　镍冶金的废气处理

镍冶金过程由于原料和处理工艺的差异，产生的废气成分不尽相同，因此废气治理方法也存在着较大差别。例如，含镍硫化矿火法冶炼时，废气中含有大量的二氧化硫，因此必须进行有效治理；而含镍的氧化矿即使采用火法冶炼，因其原料中不含硫，所产生的废气可不经治理而直接高空排放。另外，镍的湿法冶金过程会产生含氯废气，对人体及环境影响较为严重，必须加以控制和治理。

一、二氧化硫烟气治理

含镍硫化矿火法冶炼产出的烟气，一般都是采用制酸或生产亚硫酸钠的工艺回收其中的二氧化硫。随着冶金技术的进步和烟气中二氧化硫浓度的提高，绝大多数的镍冶金工厂都采用双接触法制酸工艺处理含二氧化硫烟气，使最终排放尾气中的二氧化硫浓度降至最低限度。

（一）利用烟气中二氧化硫生产硫酸

采用接触法从二氧化硫烟气制取硫酸是处理镍冶炼烟气的常用方法。烟气首先经过洗涤净化，然后采用浓酸作干燥剂，在干燥塔内除去烟气中的水蒸气，再通过热交换器加热，进入转化器与钒触媒接触，二氧化硫即被氧化为三氧化硫。三氧化硫气体用浓硫酸吸收，便产出硫酸。

（二）利用烟气中二氧化硫生产亚硫酸钠

亚硫酸钠，常见的亚硫酸盐，无色、单斜晶体或粉末，受高热分解产生有毒的硫化物烟气，工业上主要用于制亚硫酸纤维素酯、硫代硫酸钠、有机化学药品、漂白织物等，还用作还原剂、防腐剂、去氯剂等。

用冶炼烟气中的二氧化硫生产亚硫酸钠的工艺简要如下：烟气经净化系统洗涤除尘后，进入碱吸收系统与液碱在吸收塔内逆流接触反应，吸收其中的 SO_2，吸收液输送到结晶或蒸发干燥工序，用于生产亚硫酸钠产品。

二、含氯废气的治理

镍冶金过程中的含氯废气，是指镍钴溶液采用化学沉淀法净化除钴或铜渣在浸出处理时产出的废气。净化除钴工序采用氯气作为氧化剂，通过氧化-还原反应及水解反应除去溶液中的钴等杂质元素；铜渣浸出工序采用氯气全浸技术来回收有价金属，以提高镍的回收率。在以上生产过程中，氯气通入量按工艺电位要求进行控制，会有部分未反应的氯气进入尾气，从而对环境造成污染。

常用含氯废气的处理方法：

（1）用碱液吸收废气中的氯。用碱液吸收是最常用的处理含氯废气的方法。碱液是氢氧化钠溶液或碳酸钠溶液，也可是两者的混合溶液。配制好的碱液用泵从储槽打入吸收塔顶，经分布板均匀向下喷淋，含氯废气从吸收塔下部进入，经过吸收塔内填料的孔洞与逆向流动的碱液充分接触，氯气被碱液吸收，废气从塔顶排出。

（2）用含碱废液吸收处理含氯废气。在镍电解生产过程中，为维持溶液体积和镍、钠离子的平衡，需要定期抽出一定数量的溶液加入碳酸钠，使镍生成碳酸镍沉淀。经过滤后，碳酸镍用于中和调节工艺过程中的 pH 值和镍离子浓度，而过滤后的废液则排放，即可除去多余的钠离子。用这种废液来吸收含氯废气以取代碱液，不仅降低了含氯废气的处理费用，而且在吸收过程中，使溶液中残存的少量镍完全沉淀。产出的含次氯酸钠的溶液在外排过程中会发生分解释放出氯气，对环境造成二次污染，可用催化法对废水进行处理。生产实践表明，用碳酸镍沉淀母液处理含氯废气，氯气的吸收率可达到 90% 左右。

第二节 镍冶金的废水处理

镍冶金过程产出的废水主要来自含氯废气碱吸收后产生的废水，除了含有少量重金属离子外，还含有大量钠离子、氯离子和次氯酸根。以前的处理方法是采用较经济的石灰乳中和沉淀法，使重金属离子水解沉淀。但由于渣量大，重金属去除不彻底而被淘汰。金川集团目前采用 PFS-NaOH 法处理镍冶金过程所产生的废水。含氯废气的吸收液中含有次氯酸钠，与含镍的废液混合后能使其中的镍氧化至高价而易水解，大部分的镍此时已生成沉淀，中间槽加入聚合硫酸铁（PFS），一是起沉淀剂作用，与镍离子生成一种复杂的碱式盐，而这种碱式盐的沉淀 pH 值要比氢氧化镍的沉淀 pH 值低得多；二是起絮凝作用。向混合槽中加入 NaOH，调整 pH 值至 9.5～10.5，这时溶液中的镍、铜等重金属离子完全沉淀。反应槽设三级，絮凝剂（聚丙烯酰胺）加入第三级反应槽。虽然 PFS 也有絮凝作用，但在浓密前仍需加入絮凝剂。用上述工艺不仅现场作业条件好，处理后的废水也能达到国家排放标准，而且生成的滤渣量小，滤渣含镍达到 10%～12%，易于回收。

参考文献

[1]《中华人民共和国安全生产法》读本[M]. 北京：中国法制出版社，2002.

[2] 中国安全生产协会注册安全工程师工作委员会. 安全生产管理知识[M]. 北京：中国大百科全书出版社，2004.

[3] 有色重金属冶炼企业安全生产标准化评定标准[S]. 2011.

[4] 包国忠，赵千里，高建科. 新世纪企业安全执法创新模式与支撑理论[M]. 北京：冶金工业出版社，2007.

第十篇

镍工业的循环经济与资源综合利用

第一章　资源与环境对镍工业发展的影响

第一节　镍资源储量和中国镍生产企业

一、中国镍资源储量及分布

据中国国土资源部公布的数据，截至2006年底，全国查明镍矿产地93处，资源储量镍金属量约660万吨（其中基础储量230万吨）。硫化铜镍矿约占总储量的91%，其余为氧化矿。中国硫化镍矿主要为甘肃省的金川，吉林省的红旗岭、赤柏松，新疆维吾尔自治区的喀拉通克、黄山，内蒙古的小南山和黑龙江等。中国氧化镍矿主要分布在四川西南部攀枝花地区以及云南元江地区，由于镍品位低，目前仅有小规模开采。

二、世界镍资源储量

全球镍的矿物资源主要有硫化镍矿和氧化镍矿，其次是储存于深海底部的含镍锰结核。世界镍的矿产资源分布极不均衡，主要集中在加拿大、俄罗斯、澳大利亚、新喀里多尼亚、古巴、印度尼西亚、菲律宾、南非、中国、巴布亚新几内亚、马达加斯加、巴西等国，合计约占探明陆基储量的90%。其中澳大利亚镍资源储量达2900万吨，居世界第一，其他国家和地区储量很少。根据美国地质调查局资料，2008年全球陆基镍储量为6700万吨，储量基础为1.4亿吨，估计全球蕴藏量可达2亿吨以上。此外，大洋底部的含镍锰结核中约含镍金属量为6.9亿吨。

全球陆基镍资源的70%为红土镍矿，目前约60%的镍产量来自硫化镍矿。传统的硫化镍矿矿山（加拿大的萨德伯里、俄罗斯的诺里尔斯克、澳大利亚的坎博尔达、中国金川、南非里斯腾堡等）的开采深度日益增加，矿山开采难度加大。因此全球镍资源的开发重点将转向占全球陆基镍资源70%的红土镍矿，未来还将转向镍储量更大的深海锰结核的开发。

三、中国主要的镍金属生产企业

中国镍产品的生产相对来讲比较集中，以甘肃、吉林、新疆、云南、四川等地区为主。主要生产厂家有：金川集团有限公司，吉恩镍业股份有限公司，新疆有色金属工业（集团）阜康冶炼厂。

第二节　资源对镍工业发展的影响

随着经济的快速发展，中国已成为世界第一大不锈钢消费国，对镍资源需求迅速增长。受到矿产资源条件限制，中国矿山镍原料短期内难以大幅度增加。镍矿山原料生产和供给不足，已经成为制约中国镍工业发展的关键性因素。国内镍资源储量的限制和世界镍资源分布及赋存类型的影响，对中国镍工业的发展产生了巨大的影响，主要表现在：

（1）为了满足经济发展对镍资源的需求，加强了国内镍资源勘探和开发。随着国民经济特别是钢铁工业的快速发展，国内镍资源自给率持续下降，供需缺口持续扩大。为了扩大自给矿的供应比率，当前不仅应继续强化对金川镍矿等矿区的开发利用，搞好金川镍基地建设，而且应积极寻找新的镍矿基地。根据现有地质工作基础分析，我国仍然有一定的镍矿找矿前景。因此，加大地质勘探投资力度，寻找新的镍矿资源是我国镍矿资源战略的一项长期任务。近期我国镍矿资源的地质找矿重点是新疆东部地区、甘肃金川、吉林磐石、新疆喀拉通克、云南元江和墨江等老矿区周边和深部。

（2）采取有效措施，合理开发国内镍矿资源。为了提高资源开发效率，中国镍矿资源开发应严格遵守国家矿产资源和环境保护的法律法规，在国家产业政策和发展规划的指导下有序进行。对矿山开发进行合理规划，严禁对镍矿资源破坏性乱采滥挖。镍冶炼应努力实现经济效益、环境效益和社会效益的统一，大力治理环境污染，关闭环保达不到要求的落后生产能力。

（3）迅速提高技术和装备水平，提高镍资源综合回收率。据中国商务部资料显示，2004 年中国进口镍产品的贸易逆差达到10亿美元，此后贸易逆差逐年上升。根据从1964年到2000年国内镍矿开发资料分析，中国每生产1吨镍需消耗1.52吨镍金属储量。因此加强科技创新，努力提高技术和装备水平，提高镍资源综合回收率已成为国内镍生产企业的重要目标和提高赢利能力的重要手段。

（4）调整产品结构，优化镍工业产业布局。以产品为龙头，以资产为纽带，加快推进镍业的战略重组，形成具有国际竞争力的大型镍企业，实现合理的产业链和企业组织结构，是中国镍工业的发展方向。应按照大力开发利用海外镍矿资源的要求，进一步优化镍业布局结构，逐步将镍冶炼加工向沿海地区转移。利用进口红土型镍矿原料在沿海地区建设大型镍铁、氧化镍烧结块生产企业。同时，积极调整产品结构，改变镍生产以电解镍为主的产品单一局面，积极开发市场需要的技术含量高、附加价值大的镍产品。根据国内市场的需要和我国企业海外矿产资源开发的实力，确定镍资源利用模式。海外镍矿资源开发的产品不仅应包括镍精矿等初级原料，也应该包括镍铁、氧化镍烧结块、电解镍等冶炼产品，还可以参与开发技术含量高的深加工产品，以期取得最佳的投资效益。特别是红土型镍矿，资源赋存量大，且以之为原料生产镍铁等产品在经济上比较合理，已经成为中国企业进军全球镍资源的重要方向。

（5）加快技术进步，推动产业升级。中国镍资源的开发利用技术虽然已经取得重要进展，但除金川集团外，国内镍资源的开发利用技术与国际先进水平相比仍然有相当大的差距。为了加快中国镍工业的发展，开发国内外镍矿资源，满足经济和社会发展的需要，必须依靠技术进步推动产业升级。当前中国镍工业技术开发的重点是：低品位矿和多金属矿综合回收利用技术、红土型镍矿选冶技术、羰基镍精炼工艺技术、镍合金生产技术等。

（6）利用国家政策支持，坚持“走出去”的发展战略，采取灵活的合作方式，积极开发利用海外镍矿资源。为了保障中国镍工业的健康发展，满足国民经济发展需求，更好地推动企业对海外镍矿资源的开发，国家有关部门正在不断完善海外镍矿资源开发的金融、保险、服务体系，为企业的镍矿资源国际化经营创造有利的融资条件。中国企业在积极开发利用海外资源的过程中，通过风险勘探、合作经营、参股、矿权交易、跨国并购、与第三国合作开发等灵活实用的方式与当地政府和企业进行合作，达到稳定获取镍资源的目的。

加快实施海外镍矿资源开发战略。正视中国镍矿资源的实际情况，规避国际镍市场频繁、剧烈波动的风险，保证国民经济发展和国家安全的需要，必须贯彻“走出去”的战略发展方针，将实施海外镍资源开发作为中国镍资源政策的重要方面，全面提升中国镍企业的国际竞争力。当前中国企业和科研单位正在加紧研究红土型镍矿开发利用技术，为企业参与海外镍矿资源开发，占有和开发更多优势矿产资源提供技术支撑。

（7）研究不锈钢废料的回收利用技术，降低原生镍的需求，减轻资源和环境压力。发挥人力资源优势，鼓励不锈钢废料的进口、拆解、分选与利用，这是解决中国镍资源短缺的重要方面。同时，发展不锈钢的回收，可以减少对原生镍资源的需求，从而降低原镍生产的能源、新水消耗和废弃物排放，减轻资源和环境压力。

（8）加强海洋研究，重视开发大洋底镍矿资源。根据美国地质调查局的数据，在全球海洋中大约有15%为多金属结核所覆盖，而且每年还以1000万吨的速度在不断增加。在这些多金属结核中，镍的平均品位达到1.26%。这是一个巨大的镍矿资源，虽然对解决中国镍资源的供需矛盾不会很快起作用，但是它具有重大的战略意义，必须予以高度重视。全球陆地镍资源仅约1.4亿吨，而海底锰结核中的镍含量达到6.9亿吨以上，远大于陆地镍资源储量，同时海洋面积约占全球71%，随着科技水平的不断提高，未来海底镍矿的勘探和开采也将成为镍原材料工业发展的一个重要方向。

（9）大力研究开发节镍型不锈钢，节约镍资源。中国镍资源供应比较紧张，而不锈钢消费增长速度远远大于镍资源供应增长速度，进而使国内镍资源的供给无法满足不锈钢产业增长对镍的消费需求。为适应不锈钢产业发展的要求，中国应根据自己的资源情况，大力发展节镍型、低镍型不锈钢。例如，对于主要用于消费品领域（如一般器皿、厨卫制品等）的不锈钢，完全可以用200系列不锈钢替代300系列不锈钢，因为它的功能与质量完全可以满足使用要求；而200系列不锈钢的含镍量为3.5%～5.5%，显然要比300系列不锈钢少消耗镍资源。所以，在功能与质量可以基本替代的情况下应大力发展节镍型不锈钢。

第三节　环境对中国镍工业的影响

镍和其他有色金属的生产一样，在生产的过程中要消耗大量的资源、水、能源，同时产生大量的废水、废气、固体废弃物等，对环境造成一定影响。

此外，镍是一种人体必需的微量元素，镍可能参与血清沉着及酶和核糖核酸的活动，能激活肽酶的活性，在激素作用和生物大分子的结构稳定性上以及一般的新陈代谢过程中都包含有镍。但其过量后会对人体产生不良影响。镍及其盐类的毒性较低，但由于它本身具有生物化学活性，故能激活或抑制一系列的酶（精氨酸酶、羧化酶、酸性磷酸酶和脱羧酶）而发挥其毒性。镍可引起接触性皮炎。直接进入血流的镍盐毒性较高，胶体镍或氯化镍毒性较大，可引起中枢性循环和呼吸紊乱，使心肌、脑、肺和肾出现水肿、出血和变性。吸入镍及氧化镍粉尘，损害肺部，对皮肤和黏膜有强烈刺激作用。因此，未来镍将逐步退出在人体医用植入金属中的运用。

第二章 镍资源的综合利用

第一节 镍尾矿的综合利用

一、中国镍尾矿的基本现状

镍尾矿中含有大量镍、钴、铜、铁、镁等有用矿物成分，甚至含有稀贵金属成分。另外，尾矿中还存在大量的非金属矿物，而且有些具备高附加值应用的潜在特性。随着技术的进步，其潜在价值将远远超过金属元素的价值。这些尾矿资源如不能综合回收利用，将造成巨大浪费。

由于尾矿砂的平均粒径很小，力学指标差，因而尾矿坝是一个具有高势能的人造泥石流危险源，存在溃坝危险，一旦失事，容易造成重、特大事故。此外，尾矿闲置废弃将造成资源流失，遇大风形成扬尘，同时造成大气污染。选矿过程中加入的药剂会残留在尾矿中，尾矿中还含有重金属离子，甚至砷、汞等污染物质，如果发生渗漏，将污染土壤、地表及地下水体，造成严重的生态与环境灾难。

因此，尾矿综合利用不仅有利于提高资源综合利用率，减少占用土地，保护环境，也是消除尾矿库安全隐患的治本之策。尾矿综合利用既关系企业生存与发展，又影响环境与安全，是社会关注的热点。

二、尾矿综合利用的方法和技术

从节约资源出发，尾矿综合利用优先要考虑提取其中有价金属，把资源“吃干榨尽”，然后发掘非金属矿物利用价值，制造建筑材料或用于矿山充填。另外，适宜地区可以考虑农用、复垦。

（一）提取尾矿有价金属的常用方法

提取尾矿有价金属的常用方法：再选法、浸出法。

常用再选法是将浮选法、磁选法和重选法联合配置工艺方案，借用先进选矿设备实现从尾矿中提取精矿的目标。目前中国尾矿再选整体存在着规模小、技术落后、回收率低、能耗高、成本高等问题。由于缺乏统一的规划和管理，有的甚至造成严重的二次污染，或对尾矿库安全造成危害。近几年由于国内外金属矿产品价格快速攀升，尾矿再选规模发展迅速。一些特大型矿山企业在尾矿再选技术开发方面已经进行了很多探索，提高了资源回收率，给企业带来巨大的经济效益。

尾矿再选短流程大型细粒浮选柱技术适用于硫化矿尾矿、氧化矿尾矿以及其他非金属矿尾矿。采用正浮选工艺，回收尾矿中的目的矿物和其他主要有价元素。采用浮选—重选—浮选联合工艺配置方案：尾矿经大浮选柱一次富集后，精矿泡沫给入螺旋溜槽进行重选分离，目的矿物再给入小浮选柱二次富集后直接产出精矿。大型细粒浮选柱的技术开发有助于尾矿资源的高效利用。该大型浮选柱在取得高品质精矿的条件下，实现了节能降耗和资源高效回收的目的。

尾矿金属成分的浸出法有化学浸出和生物浸出两种。

化学浸出包括氰浸、氨浸和酸浸。氰浸是利用氰化钾或氰化钠等氰化物将金、银、铜、镍、钴、铁、锌等浸出，形成 $Au(CN)_2^-$、$Ag(CN)_2^-$、$Cu(CN)_2^-$、$Ni(CN)_4^{2-}$、$Co(CN)_6^{4-}$、$Fe(CN)_6^{4-}$、$Fe(CN)_6^{3-}$、$Zn(CN)_4^{2-}$ 络离子。氰浸法具有常温、常压下浸出，浸出速度快，浸出率高，药耗（氰化物耗量）低，对设备无腐蚀等特点。其缺点是氰化物剧毒，对环境可能造成较大危害。氨浸则是用氨水将矿物中的金属如银、铜、镍、钴、锌等变成 $Ag(NH_3)_2^+$、$Cu(NH_3)_4^{2+}$、$Ni(NH_3)_6^{2+}$、$Co(NH_3)_6^{2+}$、$Zn(NH_3)_4^{2+}$ 络合离子，氨浸法比氰浸法安全。其缺点是速度慢，浸出率偏低。酸浸主要采用硫酸、盐酸或硝酸将矿物中的金属氧化物或盐类变成金属离子。相对而言，酸浸法在安全性和浸出效果上都比较好。其中盐酸活性大，浸出率高，但引入杂质离子也较高，给分离带来困难，同时氯离子对设备管路腐蚀严重。镍矿石以硫化矿为主，因此冶炼过程中可以回收大量硫酸，将这部分硫酸用于浸出非常便利，既解决了硫酸外销难题，又可以实现尾矿中镍、铜等有价金属的资源化再利用。

生物浸出是通过微生物从矿石中提取有用金属的方法。利用微生物在生命活动中自身的氧化和还原特性，使资源中的有用成分氧化或还原，以水溶液中离子态或沉淀的形式与原物质分离，其方式比用氰化物进行的堆积浸出更干净。生物浸出适用于硫化矿，它能够提高金属回收率，不产生二氧化硫，投资少，能耗低，试剂消耗少，能经济地处理低品位、难处理的矿石，处理后的废弃物为环境所接受，节约了处理废弃物的成本。对镍尾矿、贫矿的资源化治理是非常有效的手段。但是它有自身的一些局限，如只对硫化矿起作用而不对氧化矿起作用，反应速度慢、周期长、细菌对环境适应性差，超出了一定的温度范围细菌难以成活，经不起搅拌等。这种方法目前仍处于发展之中，是一种很有前途的新工艺。

此外，浸出法回收尾矿中的有价金属的另一难点是：浸出后镍、钴、铜、铁、镁及其他杂质离子的分离、提纯问题。目前常用的净化、分离方法有化学净化法（水解沉淀法、硫化沉淀法、难溶盐沉淀法和置换分离法）、萃取法、电解法、离子交换法等，通常需要几种方法联合配置工艺。

目前，镍工业除钙、镁用氟化钠沉淀法；用氧化、中和、水解沉淀法初步除铁，用黄钠铁矾法深度除铁；用N235萃取对氯化体系的镍溶液深度去除锌、铁、铜、钴等杂质；用P507或C272萃钴，实现镍、钴分离。

尾矿的浸出和分离目前还没有成熟的工艺技术和装备，正在积极探索。

（二）尾砂制造建筑材料

对尾矿中有价金属提取回收后，尾砂中还存在大量的非金属矿物，具有很高的开发价值。目前已有利用非金属成分制备高附加值产品的途径：生产高强混凝土、微晶玻璃、铺地和建筑砌块、空心砌块、泡沫混凝土、空心砖、多孔砖、蒸压砖、彩瓦、木化地板等各种建筑材料。

目前尾矿生产建筑材料已有一些成熟技术，但主要是借鉴建材行业已有的成熟工艺，原始创新性不足，产品附加值低，销售半径小，没有显示出生产成本、运输成本和产品质量的综合优势，难以大范围推广。一些尾矿高值利用技术，如尾矿制备微晶玻璃、彩瓦、超耐久性尾矿高强混凝土技术等，已经在关键技术和工艺方面取得了突破，有望成为将来大量利用尾矿的有效技术。

目前中国有用金属尾矿渣制成彩瓦，坚固耐用、外形美观，是国家推广的新型建筑材料，是普通黏土瓦的更新换代产品，其各项技术指标达到和超过国家水泥瓦标准。目前在广东、上海、北京、大连等地及长江中下游地区广泛应用。

也可利用尾砂生产微晶玻璃，是一项高附加值高新技术。该新产品成功上市后，将极大推动和促进国际上尾矿整体利用新技术发展，能够提供一项成熟的高附加值的产业化高新技术。

（三）尾砂矿山充填

在矿山开采过程中，需要大量的砂石对采空区进行充填。尾砂用于井下充填可以解决井下充填料不足、免去选矿厂脱泥工序以及细泥对筑尾矿库后期坝造成的技术困难等一系列问题，是金属矿山井下大面积充填在技术上可行、经济上合理的一项新工艺。

矿山采空区回填是直接利用尾矿最行之有效的途径之一。尤其对于无处设置尾矿库的矿山企业，利用尾矿回填采空区就具有更大的环境和经济意义。胶结充填采矿法目前已属于成熟技术，可以使地下采矿回采率提高20%～50%，并使原来根本无法开采的位于水体下面、重要交通干线下面和居民区下的矿体能够被开采出来。理想的胶结充填采矿法可完全避免地表塌陷和基本避免破坏地下水平衡造成的重大危害。

金川集团于1985年开始进行尾砂充填试验，先后进行过全尾砂自流管送胶结充填、分级尾砂作胶结充填骨料、全尾砂和细砂二合一作骨料、全尾砂胶结充填等试验。试验表明，全尾砂、水淬渣、粉煤灰三合一为骨料的浆体完全可以满足金川集团龙首矿、二矿区井下充填工艺的需求及下向回采的安全要求。

大冶公司铜绿山矿使用充填法开采，先后进行过冶炼炉渣水泥充填、尾砂水泥胶结充填等试验，井下现以尾砂水泥胶结充填工艺为主。

（四）尾矿库复垦

尾矿库复垦是解决尾矿库表面沙化的重要措施。尾矿库复垦不仅可以防止扬沙，而且美化环境，减少污染。

第二节　冶炼副产品的综合利用

在镍的火法冶炼过程中会产生冶炼渣和烟尘等，湿法冶炼过程中会产生浸出渣、黑铜渣、脱铜板、除铁渣、除钙镁渣、混合渣、槽底渣、管垢渣、电解阳极泥等含有镍、钴、铜及贵金属的各类中间产品。金川集团每年排放大量的冶炼炉渣，含铁35.6%～41.0%，含镍0.23%。这些冶炼副产品如不合理利用将造成资源浪费。

金泥集团公司利用金川集团镍弃渣代替铁矿石，粉煤灰代替黏土，制作优质复合水泥，其中镍弃渣占到水泥成分的3%左右。金川集团对铁资源的回收进行了大量试验研究，用镍冶炼渣生产铁镍合金及高档微晶玻璃建材制品，目前正在继续加快关键技术的攻关，使冶炼炉渣中的铁资源尽快得到再利用。

金川集团用冶炼水淬渣代替井下充填骨料试验，并于1997年建成水淬渣运输系统、矿山堆存场地以及矿山充填系统等配套工程。1999年利用水淬渣9万吨，2000年以来，水淬渣每年的利用量稳定在10万吨以上；建成干、湿粉煤灰生产、储运、利用配套设施（以粉煤灰代替部分水泥用于井下充填），建成了利用炉渣生产井下充填隔墙生产线（用煤渣砖砌筑充填隔墙代替了原木制充填隔墙）。

金川集团实施了对铜冶炼炉渣再选项目，来提高镍铜回收率；实施白烟灰项目，从冶炼烟灰中回收铜、锌、铅、铋等多种有价金属，既实现了资源的综合利用，又避免了外卖造成的资源浪费和危险货物转移；在国内率先采用全湿法流程处理白烟灰，不但提高了金属的回收率，而且改善了生产环境。用阳极泥制硫黄和液体二氧化硫生产线，形成了年产2.5万吨硫黄，1500吨液体二氧化硫的生产规模，硫黄外销，液体二氧化硫内部使用，热滤渣进一步精炼回收金、银、硒等，实现阳极泥中金、银、硒、碲、铂族金属的综合回收。

湿法冶炼产生的各类渣，有价金属含量相对较高，需要寻找合适的循环利用途径。目前冶金企业通常将这些渣返回火法冶炼，进一步回收镍、铜等有价金属，但这些渣成分波动大，含结晶水高，给生产组织带来很多麻烦，能耗明显升高，而且导致杂质闭路循环，日益富集，影响火法系统质量。随着节能降耗要求的提高，这种简单闭路循环处理方式的弊端日益暴露出来，亟待开辟新的途径来提取其中的有价金属。与尾矿综合利用相似，冶炼渣的利用难点也在于镍、铜、钴等有价金属的浸出、净化和分离。

第三节　冶炼烟气的综合利用

中国镍矿多以硫化矿形式存在，冶炼过程中产生大量 SO_2 气体，如不加以回收将严重污染环境。镍矿企业通常回收高浓度烟气制硫酸，用碱吸收低浓度烟气制亚硫酸钠或其他盐类化工产品。金川集团按照工程减排原则，实施烟气污染治理工程，目前回收硫酸能力达到 252 万吨/年，同时年产七水亚硫酸钠 5 万吨，无水亚硫酸钠 10 万吨，既治理了环境污染，又实现了二氧化硫资源化。

硫酸是一种低附加值、强腐蚀性的高危化品，不易存放，不适合远距离运输，主要用于制造磷肥、氟化氢、钛白粉、硫酸钾等，价格低廉，有时运费甚至超过其价值。因此，若临近硫酸产地建厂，就近形成产业链条，消除高危化品特点，减少运输成本，将可以提高赢利空间。另外有待开发硫酸的高附加值利用途径，向精细化深加工方向发展。

第四节 镍的回收与再生利用

镍是镍镉电池、镍氢电池、硬质合金的重要原料，是奥氏体不锈钢、超高强度结构钢的重要组成元素，广泛应用于航空、化工及电讯等行业。镍不仅以金属态大量使用，而且以化合态广泛应用于国民经济的各个领域。

除了在冶炼过程中的工业废渣、废液中可以回收镍，在电镀，报废机器、设备、金属构件，加工废料，废旧汽车、飞机、船舶、军舰，废电器，废催化剂，废磁性材料，废可充电电池等都可以回收镍。由于镍一般作为工业添加剂使用，被称为“工业味精”，因此废旧物料中含量较低，分布比较分散，给回收增加了难度。

国内外对铜、铝、铅、锌、铁的回收技术较为成熟，已形成重要产业，从回收、拆解、分选到熔炼、加工、利用等各个环节，都形成了完整的体系。但是国内再生镍产业的发展目前还处于起步阶段，还没有成熟的、经济的、简单易行的技术，以粗放式为主，普遍存在工艺适应性不强、流程冗长、成本高、回收率不高、易污染环境等问题，使得镍的回收率远低于其他几种金属，而且再生镍产品的科技含量也不高。

从含镍废料中回收镍分为火法、湿法和火法—湿法联合处理工艺。

含镍合金废料分为含镍合金、镍磷铁以及含镍催化剂。含镍合金除含镍外，还含有钴、钨、铬等有价金属；镍磷铁是钙镁磷肥生产过程中的副产品，除含镍外，还含有铁及少量钴、铜等，镍质量分数在3% ~7%之间。含镍合金废料的处理工艺为：分选—粉碎—分离—压块—回收有价金属。对于成分简单、镍含量高的合金废料，可以用最便利的电炉处理，也可以用炼钢用的翻转式或可卸炉顶式电弧炉处理，先将废料氧化并转化成渣，在电炉熔炼过程中进一步氧化熔炼制得镍铁，杂质氧化进入渣中，可进一步回收。

当含镍废料成分简单或其金属回收价值较高时，一般可采用湿法处理。金属溶解采用化学法或电化学法，然后采用化学沉淀法、溶剂萃取法或离子交换法从溶液中分离、富集和回收。

对于再生利用困难的低品位废弃物，需要采用选别和分离方法，尽量除掉抛弃物，有效回收有用物质。这样不仅可以减少运输量和处理量，而且可以防止在化学处理过程中造成的环境污染，减少二次废弃物量。如对电子产品中以细粒形式存在的镍，可以用破碎—浮选法，分离丢弃一部分废弃物。

对于不同的含镍废旧电池有不同的镍回收方法。如镍铁电池，采用火法冶炼，造渣除杂后得到铁镍合金，再经过吹炼进一步富集，制成阳极板，电解溶解，然后萃取除铁，

N235萃杂，可得到较纯的含镍溶液；镉镍电池正极材料活性物质为$Ni(OH)_2$，载电导体为金属镍网，采用硫酸溶解正极材料并过滤得到含镍溶液和镍网，用硝酸溶解镍网，并加入碳酸钠沉淀得到碳酸镍粉末，用碳酸镍粉末调节硫酸溶解后的含镍溶液至微酸性后，用P507萃取分离得到硫酸镍溶液，可以制镍盐也可以电解。镍氢电池经剥壳，分选出铁壳、铁帽、塑料片、纸张，电极芯破碎用硫酸浸出，并经过一系列除杂分离，可回收其中的镍。

对于成分复杂、镍含量较低的难处理含镍废料，一般采用火法—湿法联合工艺处理。经火法熔炼造渣初步除杂后，铸成阳极进行电化学溶解及精炼；或经过焙烧后化学浸出，然后净化、回收。如对镍质量分数4.0%的炼油废催化剂采用氧化还原浸出全湿法工艺进行处理，镍浸出率为98%。

总体来说，目前从废物料中回收镍的技术还不太成熟，多数停留在实验阶段，需要进一步开发、推广。中国镍回收率不高，镍回收产业还有很长的路要走，随着循环经济的推进，镍的回收和再利用有着很大的发展空间。

镍工业牵涉面广，尾矿、废渣、废气、废水、含镍废旧物料等资源综合利用难度较大，但有着很好的社会效益和环境效益。经济效益的提高需要科技的不断进步，随着循环经济和可持续发展的理念不断深入人心，社会、企业、科研工作者越来越关注资源的综合利用，相信镍工业会有更好更快的发展。

参 考 文 献

[1] 刘广龙. 金川集团公司二次资源综合利用[J]. 中国矿山工程，2004，33(2)：39～43.

[2] 刘广龙. 发展矿业循环经济的思考[C]. 中国优势和特色矿产资源及二次资源综合利用学术研讨会论文集，2007.

[3] 陈甲斌，许敬华. 我国镍矿资源现状及对策[J]. 矿业快报，2006，4(47)：1～3.

[4] 杜书瑞，花明. 国内矿业循环经济研究评述[J]，中国矿业，2010(5)：25，25.

[5] 郝美英，赵军伟，张克仁. 节约利用矿产资源发展循环经济建设节约型社会[J]. 矿产保护与利用，2009(3)：1～5.

[6] 倪文，贾岩，等. 金川镍弃渣铁资源回收综合利用[J]. 北京科技大学学报，2010，32(8)：976～979.

[7] 梁永顺，索文德，等. 金川铜镍矿资源综合利用和矿山生态环境建设[J]. 有色金属，2002，54(2)：112.

[8] 盛广宏，翟建平. 镍工业冶金渣的资源化[J]. 金属矿山，2005（10）：68.

[9] 钟枝绸，查华珍. 钙镁磷肥副产镍磷铁的回收和提炼[J]. 中国物资再生，1999(1)：14～19.

[10] ALEX P，MUKHERJEE T K，SUNDARESAN M. Leaching behavior of nickel in aqueous chlorine solutions and its application in the recovery of nickel from a spent catalyst [J]. Hydrometallurgy，1993，34(2)：239～253.

第十一篇

行业管理与制度标准

中国镍矿资源储量比较丰富，1997 年以前，中国的镍消费主要用于冶金行业，其次是轻工业等领域，消费量起伏变化不大，基本上与生产处于动态平衡状态。镍的进出口主要是以调剂余缺为主，进出口规模不大，一般都保持在5000吨以下。

随着中国国民经济进入快车道，中国在政策上大力扶持不锈钢工业的发展，有力地带动了中国不锈钢行业对镍消费量需求的增加，尤其是 2000 年以后，镍的消费显著扩大；与此同时，全球产业分工向中国转移，直接导致了中国相应行业的用镍量大增。目前，中国镍资源供应已经处于严重短缺状态，需要大量进口。在当前国际大环境下，中国对镍资源的进出口政策进行了必要的调整，以适应业已变化的新情况。表 11-1 为 1989 年以来中国镍进出口政策调整情况。

表 11-1　1989 年以来中国镍进出口政策调整一览表

进　口	
2004 年 1 月 1 日	为了降低不锈钢企业进口未锻轧镍、镍铁和烧结氧化镍的成本，从 2004 年 1 月 1 日起，从最惠国进口的上述产品进口关税由 3%、2%、3%，均临时下调为 1%

续表 11-1

进　口	
2006 年	镍锍的名义进口关税仍然保持在 3%，但从 2006 年开始，进口暂定税率已为零
2008 年 1 月 1 日	未锻轧镍和烧结氧化镍的进口关税又进一步下调为零，镍铁保持 1% 的进口关税
出　口	
1989 年	国家颁布了禁止镍出口的规定，镍的出口关税高达 40%
1998 ~ 2000 年	镍的名义出口关税仍为 40%，1998 ~ 2000 年实行内部暂定税率为零，2000 年以后，实行公开暂定税率为零
2005 年 1 月 1 日	2005 年 1 月 1 日起，国家取消未锻轧非合金镍 8% 的出口退税，并加征 2% 的出口关税
2006 年 11 月 1 日	自 2006 年 11 月 1 日起，中国将电解镍的出口关税从原来的 2% 提高至 15%
2007 年 6 月 1 日	2007 年 6 月 1 日起，镍矿砂及其精矿的出口关税从原来的 10% 提高至 15%，镍铁的出口关税从原来的 10% 提高到 20%，镍废碎料新增 10% 的出口关税，未锻轧的非合金镍、未锻轧镍合金和电镀用镍阳极的出口关税仍维持在 15%
2007 年 7 月 1 日	取消镍的氧化物及氢氧化物、镍的硫酸盐、氯化镍的出口退税
加工贸易	
2006 年 11 月 6 日	国家财政部、商务部、海关总署等部门联合发文，调整部分商品出口退税率和增补加工贸易禁止类商品目录，规定“对此前已经取消出口退税和本次取消出口退税的商品列入加工贸易禁止类目录”。据此规定，镍锍、未锻轧镍等商品已被列入禁止加工贸易目录
2007 年 4 月	禁止镍钴精矿进口加工贸易

续表 11-1

加工贸易	
2008 年 4 月 5 日	商务部公布了加工贸易禁止类目录，禁止以进口加工贸易的方式进口镍矿和精矿，禁止以加工贸易的方式出口镍的氧化物及氢氧化物 镍盐、镍铁、镍锍未锻轧的非合金镍和未锻轧镍合金
2008 年 12 月 31 日	2008 年 12 月 31 日，商务部会同海关总署发布 2008 年第 120 号和 121 号公告，调整加工贸易限制类和禁止类目录，涉及加工贸易出口额约 300 亿美元，从禁止类目录中剔除 27 个十位商品编码，主要涉及铜、镍、钴、铝材等产品，涉及镍的条目是，从 2009 年 2 月 1 日起，允许符合条件的特定企业从事镍矿进口加工贸易，同时放开未锻轧非合金镍和未锻轧镍合金的出口加工贸易

第十二篇

统计信息

第一章　世界主要镍生产商

全球镍生产的集中度非常高，2010 年全球镍产量共计 143.4 万吨，其中前 10 大生产企业的产量为 98.04 万吨，占全球总量的 68%，占比仅次于贵金属，在基本金属中镍的产量集中度是最高的。2008 ~ 2010 年全球分企业的镍产量见表 12-1。

表 12-1　2008 ~ 2010 年全球主要企业镍产量（金属量）　　（万吨）

序 号	公司名称	2008 年	2009 年	2010 年
1	俄罗斯诺里尔斯克镍业公司		28.4	29.7
2	巴西淡水河谷公司	24.2	18.7	15.6
3	中国金川集团有限公司	10.4	13.1	12.8
4	必和必拓公司	12	13.6	9.3
5	超达公司（Xstrata）	10.8	8.9	9.2
6	住　友	5.6	4.9	5.8
7	埃赫曼	5.1	5.1	5.3
8	Pamco	3.1	3.2	4.04

续表 12-1

序 号	公司名称	2008 年	2009 年	2010 年
9	英美资源集团	3. 5	3. 9	3. 9
10	Sherritt	3. 2	3. 4	3. 4
11	古巴镍业公司	3. 6	3. 2	3. 2
12	QNI	—	—	2. 95
13	Minara Resources	3	3. 3	2. 8
14	Cunico	2. 1	1. 8	2. 3
15	Votorantim/Tocantins	2	1. 8	2. 02
16	Posco/SMSP	0. 3	2. 2	2
17	PT Aneka Tambang	1. 8	1. 3	1. 87
18	Larco	1. 7	0. 8	1. 4
19	含镍生铁	7. 1	10. 1	16
20	其他中国企业	3. 5	4. 8	3. 8
21	其　他	8. 3	6. 9	6. 91
22	总　计	138. 9	138. 4	143. 1

注：数据来源于 Macquarie、安泰科。

第一节　俄罗斯诺里尔斯克镍业公司

俄罗斯诺里尔斯克（Norilsk）镍业公司是世界上最大的金属镍和金属钯生产商，最大的金属铂和金属铜生产商之一。此外，该公司还生产一些副产金属，如钴、铑、金、银、铱、钌、硒、碲和硫黄等。公司业务涉及探矿、采矿、选矿、冶炼、加工，有色金属和贵金属的生产、经营和销售。主要资产分布在俄罗斯、芬兰、澳大利亚、博茨瓦纳和南非。

2010 年 Norilsk 镍产量为 29.7 万吨。俄罗斯拥有丰富的镍资源，作为世界镍生产第一大公司，2006 年以前 Norilsk 并不十分注重资源的占有和产能的扩张，产量基本保持稳定。但是 2006 ~ 2007 年必和必拓收购 WMC、淡水河谷收购 Inco、超达公司收购鹰桥等一系列并购事件发生以后，对 Norilsk 行业老大的地位产生了极大的动摇，此后才出现了 Norilsk 收购 OMG 镍业务的做法，并且在 2007 年又花巨资购得加拿大 Lionore 镍矿 90% 的股份，通过这一系列收购，Norilsk 镍的产能将达到32 万吨，重新具备了与淡水河谷、必和必拓竞争的优势。

第二节 巴西淡水河谷公司

巴西淡水河谷公司（CVRD）成立于 1942 年，是世界上第一大铁矿石开发和供应商，是美洲最大的多样化采矿企业，巴西最大的物流服务商，拥有约 3 万名员工。在 2006 年收购 Inco 后，成为世界第二大镍生产商，更名为 Vale。Vale 打算在十年内成为真正的多元化国际矿业集团，除目前提供主要的炼钢原料铁矿石和锰矿外，已开始涉足镍、焦煤及有色金属领域，这是公司的多种经营及多元化的长期发展战略。作为其战略的组成部分，2006 年 Vale 完成了对加拿大 Canico 资源公司的收购，又出资 7.49 亿美元收购 Canico

镍矿 93% 的股份，以控制 Canico 公司的 Onca Puma 镍项目。位于巴西北部的 Onca Puma 镍矿每年至少可生产 3.3 万吨镍，项目开发共投资 11 亿美元。这些项目将确保 Vale 成为全球最大镍生产商的地位。Vale 下属的 Goro 项目投资额为 31 亿美元。Goro 是目前世界上还在开发中的最大的镍矿之一，预期年产能为 6 万吨。

在 CVRD 收购 Inco 之前，CVRD 在巴西拥有两个尚待开发的镍项目：一个是 Vermelho，另一个是 Onca Puma。Vale 通过收购 Inco 这个世界上历史最悠久的镍公司，充分利用 Inco 在镍行业的人才、技术和市场优势，Vale 进入镍行业的步伐大为加快。由此可见跨国公司可以通过资本运作，迅速进入一个完全陌生的行业，实现跨越式发展。

受工人罢工的影响，2010 年 Vale 的镍产量只有 15.6 万吨。在 CVRD 兼并 Inco 并更名为 Vale 以后的这几年中，可以明显地看出 Vale 的经营思路还是力主往上游发展，无论是传统的铁矿石业务还是新业务镍。Vale 将 Inco 公司以往在中国布局的泡沫镍、硫酸镍等工厂纷纷出让，只保留了大连通用镍工厂。面对中国企业不断扩大的镍产能，Vale 也计划将镍产能从目前的 30 万吨提高到 40 万吨。

第三节　必和必拓公司

必和必拓（BHPB）由两家大型矿业公司 BHP 和 Billiton 合并而成，是全球最大的采矿业公司。其中，BHP 公司成立于 1885 年，总部设在墨尔本，是澳大利亚历史最悠久、规模最庞大的公司之一。Billiton 是国际采矿业的先驱，成立于 1860 年。2001 年，两家公司合并组成 BHP-Billiton 矿业集团，BHP 持股 58%，Billiton 持股 42%。

2005 年 3 月，BHPB 斥资 73 亿美元收购澳大利亚西部矿业公司（WMC），目前该公司是世界第三大镍生产商。BHPB 的镍产品包括：镍饼、镍粉、镍铁和高冰镍。2010 年 BHBP 的精炼镍产量为 9.3 万吨。

第四节　超 达 公 司

超达公司（Xstrata）是一家多元化的跨国矿业集团，总部设在瑞士。大规模的并购和多元化经营是 Xstrata 公司的发展模式。迄今为止，该公司是世界第四大镍生产商，同时也是最大的全球性多样金属开发生产商之一。其主要业务集中在铜、焦煤、动力煤、铬铁、镍、钒和锌，同时也涉及钴、金、铅、银等伴生金属。公司在全球 18 个国家和地区建立了生产加工厂，目前还在不断投资新的项目、扩张自身实力。2004 年公司收购 WMC 矿业公司失败，2005 年 8 月成功得到加拿大鹰桥公司 19.9% 的股份，并且于 2006 年 8 月战胜 Inco，斥资 192 亿美元正式收购鹰桥公司。Xstrata 公司在镍方面虽然也有很多项目在考虑中，但是未来的经营重点将会放在铜和铁矿石方面。

2010 年 Xstrata 镍业精炼镍产量为 9.2 万吨。

第二章 中国主要镍生产商

第一节 金川集团有限公司

金川集团有限公司是由甘肃省国有资产投资集团有限公司、甘肃省政府国资委、国开金融有限责任公司、宝钢集团有限公司、太原钢铁（集团）有限公司和甘肃省工业交通投资公司等六家股东出资设立的大型国有公司，是采、选、冶配套的有色冶金和化工联合企业。主要生产镍、铜、钴、铂族贵金属、有色金属压延加工产品、化工产品、有色金属化学品等。公司已形成年产镍 15 万吨、铜 60 万吨、钴 1 万吨、铂族金属 3.5 吨、金 8 吨、银 220 吨、硒 70 吨、羰基镍 1 万吨、羰基铁粉 5000 吨、海绵钛 1.5 万吨及 300 万吨无机化工产品的综合生产能力。镍产量居全球第四位，钴产量居全球第二位，铜产量居中国第三位，铂族金属中国第一位，国际地位和竞争力显著提升。公司已经成为全球同类企业中生产规模大、产品种类多、产品质量优良的知名企业。

金川镍矿是世界著名的多金属共生的大型硫化铜镍矿床之一，发现于 1958 年，集中分布在龙首山下长 6.5 千米、宽 500 米的范围内，已探明的矿石储量为 5.2 亿吨，镍金属储量 550 万吨，列世界同类矿床第三位，铜金属储量 343 万吨，居中国第二位，近年来的地质勘探成果表明，金川镍矿的深部、边部及外围具有良好的找矿前景。金川矿石还伴生有钴、铂、钯、金、银、锇、铱、钌、铑、硒、碲、硫、铬、铁、镓、铟、锗、铊、镉等元素，其中可供回收利用的有价元素有14种。矿床之大、矿体之集中、可供利用金属之多，在国内外都是罕见的。

第二节 吉林吉恩镍业股份有限公司

吉林吉恩镍业股份有限公司是昊融集团最大的子公司，现有控股企业吉林卓创有色金属有限公司、重庆吉恩镍业有限公司、重庆吉恩冶炼有限公司、新乡吉恩镍业有限公司、磐石恒远物资回收有限公司、通化吉恩镍业有限公司、磐石长城精细化工有限公司以及全资企业采、选、冶、化等组成。

吉恩镍业成立于2000年12月18日，是由吉林昊融有色金属集团有限公司（原吉林镍业集团有限责任公司）作为主要发起人，联合南海市华创化工有限公司、营口青花耐火材料股份有限公司、长沙矿冶研究院、吉林省通化赤柏松铜镍矿等四家企业共同发起设立的股份有限公司。2003年9月，吉恩镍业6000万A股股票在上海证券交易所挂牌上市，是中国镍行业首家上市公司，被誉为中国上市公司镍业“第一股”，现为中证100强以及上证180、沪深300指数股企业，其中吉林昊融有色金属集团有限公司控股57.62%。

该公司依托镍矿山资源优势，专业生产电镀、化学镀、电池材料等行业用的镍、铜、钴盐以及有色、化工产品。主要产品有：硫酸镍、氯化镍、硫酸铜、硫酸钴、氢氧化镍、氟化镍、醋酸镍、电镍、电钴、电铜、高冰镍、铜精矿、硫酸等，是国内目前最大的镍盐生产基地，亚洲最大的硫酸镍生产商，多年来形成了强大的技术优势，主导产品在国内市场占有率一直处于领先地位。目前，公司已形成年产4500吨镍精矿、1.5万吨高冰镍、4.2万吨硫酸镍、7000吨电解镍和2000吨基镍的生产能力。

第三节　新疆新鑫矿业股份有限公司

2005年9月1日，新疆维吾尔自治区第一家资源型股份公司——新疆新鑫矿业股份有限公司在乌鲁木齐成立。新疆新鑫矿业股份有限公司注册资本3亿元，主要从事镍、铜及其他有色金属的采矿、选矿、冶炼、精炼加工与销售，主要产品有电解镍、电解铜、钴产品、铜精粉、金、银、铂、钯等。新疆新鑫矿业股份有限公司由新疆有色金属工业（集团）有限责任公司控股，上海怡联矿能实业有限公司、中金投资（集团）有限公司、厦门紫金科技股份有限公司、新疆信盈新型材料有限公司、陕西鸿浩实业有限公司等六家股东出资设立，出资比例分别为60%、20%、14%、4%、1.6%、0.4%。

新疆新鑫矿业股份有限公司拥有三家分公司，分别为喀拉通克铜镍矿、阜康冶炼厂和上海销售分公司。喀拉通克铜镍矿位于新疆富蕴县，是公司拥有勘探许可证的四个矿区之一，距离新疆首府乌鲁木齐约450千米。公司取得喀拉通克矿的土地使用权，总面积约一百万平方米。阜康冶炼厂地处新疆阜康市，是以喀拉通克铜镍矿的矿石资源为依托，在国内首次采用水淬金属化高冰镍湿法冶炼新工艺从事有色金属精炼的生产企业，到2010年年底，阜康冶炼厂的冶炼产能达到1.5万吨/年。该厂采用的工艺曾获得国家和中国有色金属工业总公司科技进步一等奖、联合国发明创新科技之星奖、新疆维吾尔自治区科技进步一等奖等。新疆新鑫矿业公司上海销售分公司位于上海，主要从事销售业务，并负责客户的联络和拓展。

第四节　云锡元江镍业有限责任公司

元江镍矿是国内第二大镍矿。2005年初云南省政府将元江镍矿划给云南锡业集团（以下简称云锡集团）。为有效管理元江镍矿，2005年3月该集团成立了注册资本8000万元的云锡元江镍业公司，云锡集团持有元江镍业98%的股权。目前元江镍业持有的采矿权证核准面积为0.2469平方千米，有效期限为2006年2月~2013年2月，核准可采镍金属量24572吨，平均品位1.107%，并伴生金属钴666吨。

2007年4月，云锡集团向国土资源部提出申请，要求获得元江镍矿另外90%以上矿产的采矿权，并在申请批准后将元江镍矿的全部矿产融入云锡集团旗下上市公司贵研铂业。

元江镍矿包括金厂矿区和安定矿区两块镍矿矿区，镍查明资源储量达64.41万吨，保有资源储量达64.38万吨，矿石平均品位0.91%；钴金属量14526吨，矿石平均品位0.03%。现在云锡元江镍业公司负责开发，年出矿量约30万吨，镍的品位为1%。云锡元江镍业的镍产能为2000吨/年。

第五节 广西银亿科技矿冶有限公司

广西银亿科技矿冶公司隶属于宁波银亿集团，是国家高新技术企业，位于广西北部湾经济开发区铁山港——龙潭功能组团所在地玉林龙潭产业园，紧邻钦州港、北海港、铁山港和湛江港。其注册资本2.5亿元，总投资已超过10亿元，占地1322亩，现有员工1370余人。

该公司采用具有自主知识产权的、国际先进的“常压酸浸湿法冶炼技术”生产电解镍、电解钴，目前已形成年产1万吨电镍、40万吨硫黄制酸和30万吨镁盐的生产能力，年销售收入20亿元。红土镍矿经过洗矿分离褐铁矿（铁高镁低）和硅镁镍矿（铁低镁高），后者进入球磨机粉碎到规定粒度，加入硫酸进行反应，后压滤萃取电积得金属镍(99.96%)。2010年该公司镍产量约为6000吨，2011年目标为镍产量1万吨，销售额20亿元。

2008 年银亿集团启动海外矿产资源基地建设，在菲律宾、印度尼西亚、墨西哥等国组建矿产集团，拥有各类矿权、矿山 20 多个。其中，银亿菲律宾投资控股集团有限公司下辖勘矿公司、贸易公司、矿业公司等十几家企业。未来 3 ~5 年将再收购 50 个以上的矿权，形成集资源勘探、开采、矿产品贸易为一体的大型海外矿产集团。

第六节　江西江锂科技有限公司

江西江锂科技有限公司是 2005 年 9 月由四川尼科国润新材料科技有限公司收购原江西锂厂而成立的高新技术企业，主要从事镍、钴、铜、锌等金属产品的生产经营及研发。目前江锂科技公司注册资本为 3.5 亿元，固定资产 16 亿元，职工 1280 人。

江锂科技公司采用常温常压酸浸湿法提镍技术，其工艺流程为常压热浸出—反应釜搅浸—电积，实现了红土镍矿的全湿法生产工业化，现已形成年产电镍 1.5 万吨、氢氧化锂 2500 吨、碳酸锂 3000 吨、电铜及铜粉 3000 吨、钴板及钴盐 500 吨的生产规模。

目前该公司计划投资 12 亿元新上的电镍扩能技改综合利用项目，将新建电解萃取车间，产能由 1.5 万吨提高至 3 万吨，使企业效益倍增。

该公司主要进口硅镁型红土镍矿，所生产的电解镍供应江浙一带的不锈钢企业，公司在上海设有现货仓库。

第三章 世界主要镍消费国

2005～2010 年，全球镍消费量从 129.6 万吨增加至 151.2 万吨，年均递增 3.1%，全球 2/3 的精炼镍消费量集中在亚洲，从 2005 年起，中国取代日本，成为世界精炼镍消费第一大国。表 12-2 为 2005～2010 年世界主要国家和地区镍消费情况。

表 12-2 2005～2010 年主要国家和地区精炼镍消费量

（万吨）

国家和地区	2005 年	2006 年	2007 年	2008 年	2009 年	2010 年
比利时	4.93	5.83	5.54	4.67	1.51	2.11
芬　兰	4.88	5.08	4.04	4.10	1.70	3.88
德　国	11.64	10.62	11.02	9.12	6.22	10.03
意大利	6	6.8	6.4	6.79	4.42	6.23
西班牙	4.8	5.25	4.15	4.09	2.39	2.91
南　非	4.68	5.35	4.4	4.41	4.25	4.08
中　国	19.71	24.01	32.78	30.52	54.13	56.15
日　本	17.95	18.13	19.6	18.53	14.76	17.70
韩　国	11.77	9.29	7.11	7.58	9.30	10.12
中国台湾	8.41	10.69	7.56	6.89	6.42	7.27
美　国	12.8	14.45	11.85	12.11	9.09	11.88
其　他	21.99	21.06	21.09	21.01	16.32	18.79
世界总计	129.56	136.56	135.54	129.82	130.51	151.15

注：数据来源于 WMSB。

附录一　64 种有色金属元素

64 种有色金属包括：铝、镁、钾、钠、钙、锶、钡、铜、铅、锌、锡、钴、镍、锑、汞、镉、铋、金、银、铂、钌、铑、钯、锇、铱、铍、锂、铷、铯、钛、锆、铪、钒、铌、钽、钨、钼、镓、铟、铊、锗、铼、镧、铈、镨、钕、钐、铕、钆、铽、镝、钬、铒、铥、镱、镥、钇、钪、硅、硼、硒、碲、砷、钍。

有色金属又分为轻金属、重金属、稀有金属、贵金属和其他有色金属。

（1）轻金属：7 种，铝、镁、钾、钠、钙、锶、钡（其中钾、钠、钙、锶、钡 5 种一般为化工系统的产品）。

（2）重金属：10 种，铜、铅、锌、镍、钴、锡、锑、铋、镉、汞。

（3）稀有金属：35 种，又细分为四类：

1）稀有轻金属 4 种（在稀有金属中密度最小）：锂、铍、铷、铯。

2）稀有难熔金属 8 种（在金属中熔点较高）：钨、钼、钽、铌、钛、锆、铪、钒。

3）稀散金属7种（矿体生成极为分散、且多为与其他矿物共生、非经准确的全分析不易发现）：镓、铟、铊、锗、硒、碲、铼（有的分法，将铼分为难熔金属）。

4）稀土金属16种（其氧化物似土，故名）：镧、铈、镨、钕、钐、铕、钆、铽、镝、钬、铒、铥、镱、镥、钇、钪。

（4）贵金属：8种，金、银、钌、铑、钯、锇、铱、铂。

（5）其他有色金属：4种，硅、砷、硼、钍。

附录二 元素周期表

周期	I_A	II_A	III_B	IV_B	V_B	VI_B	VII_B	Ⅷ			I_B	II_B	III_A	IV_A	V_A	VI_A	VII_A	
1	1 H 氢 1.0079																	2 He 氦 4.0026
2	3 Li 锂 6.941	4 Be 铍 9.0122											5 B 硼 10.811	6 C 碳 12.011	7 N 氮 14.007	8 O 氧 15.999	9 F 氟 18.998	10 Ne 氖 20.17
3	11 Na 钠 22.9898	12 Mg 镁 24.305											13 Al 铝 26.982	14 Si 硅 28.085	15 P 磷 30.974	16 S 硫 32.06	17 Cl 氯 35.453	18 Ar 氩 39.94
4	19 K 钾 39.098	20 Ca 钙 40.08	21Sc 钪 44.956	22 Ti 钛 47.9	23 V 钒 50.9415	24 Cr 铬 51.996	25Mn 锰 54.938	26 Fe 铁 55.84	27 Co 钴 58.9332	28 Ni 镍 58.69	29 Cu 铜 63.54	30 Zn 锌 65.38	31 Ga 镓 69.72	32Ge 锗 72.59	33As 砷 74.9216	34 Se 硒 78.9	35 Br 溴 79.904	36 Kr 氪 83.8
5	37Rb 铷 85.467	38 Sr 锶 87.62	39 Y 钇 88.906	40 Zr 锆 91.22	41Nb 铌 92.9064	42Mo 钼 95.94	43 Tc 锝 97.99	44Ru 钌 101.07	45 Rh 铑 102.906	46 Pd 钯 106.42	47Ag 银 107.868	48Cd 镉 112.41	49 In 铟 114.82	50 Sn 锡 118.7	51Sb 锑 121.7	52 Te 碲 127.6	53 I 碘 126.905	54 Xe 氙 131.3
6	55Cs 铯 132.905	56 Ba 钡 137.33	57−71 La-Lu 镧系	72Hf 铪 178.49	73 Ta 钽 180.947	74 W 钨 183.8	75 Re 铼 186.207	76 Os 锇 190.2	77 Ir 铱 192.2	78 Pt 铂 195.08	79Au 金 196.967	80Hg 汞 200.5	81 Tl 铊 204.3	82Pb 铅 207.2	83Bi 铋 208.98	84Po 钋 (209)	85 At 砹 (210)	86 Rn 氡 (222)
7	87 Fr 钫 (223)	88 Ra 镭 (226.03)	89−103 Ac-Lr 锕系	104Rf 𬬻 (261)	105Db 𬭊 (262)	106Sg 𬭳 (263)	107Bh 𬭛 (264)	108Hs 𬭶 (265)	109Mt 鿏 (268)	110Ds 𫟼 (269)	111 Rg 𬬭 (272)	112Cn 鿔 (277)						

镧系	57 La 镧 138.905	58Ce 铈 140.12	59 Pr 镨 140.91	60Nd 钕 144.2	61Pm 钷 (147)	62Sm 钐 150.4	63Eu 铕 151.96	64Gd 钆 157.25	65Tb 铽 158.93	66 Dy 镝 162.5	67Ho 钬 164.93	68 Er 铒 167.2	69Tm 铥 168.934	70 Yb 镱 173.0	71 Lu 镥 174.96
锕系	89 Ac 锕 (227)	90Th 钍 232.0381	91Pa 镤 231.03588	92 U 铀 238.02891	93 Np 镎 (237)	94 Pu 钚 (239.244)	95Am 镅 (243)	96Cm 锔 (247)	97 Bk 锫 (247)	98Cf 锎 (251)	99 Es 锿 (252)	100Fm 镄 (257)	101Md 钔 (258)	102No 锘 (259)	103Lr 铹 (260)